Tai Chi Assis

Infuser sa journée d'un zeste de Tai Chi

Auteur : Jamin
Mise en page : Alain Hays
Photographie : Alain Kernevez

Pour contacter l'auteur :
contact@labodusoi.com
ou sur les réseaux sociaux
Jamin_labodusoi

© 2023, Jamin
Édition : BoD – Books on Demand, info@bod.fr
Impression : BoD – Books on Demand, In de Tarpen 42,
Norderstedt (Allemagne)
Impression à la demande
ISBN : 978-2-3222-0930-9
Dépôt légal : Avril 2023

« *Quand le corps est fort, il obéit,
quand il est faible, il commande.* »

JEAN-JACQUES ROUSSEAU

Sommaire

INTRODUCTION 9

I - ON FAIT TOUS DU TAI CHI SANS LE SAVOIR 13
1 - Un réflexe ancestral 13
2 - Un mécanisme de régulation 13

II - LE TAI JI QUAN, BOXE DE LONGÉVITÉ 15
1 - La boxe de longévité 15
    Définition 15
    Historique 16
    Actuellement 17
    La médecine chinoise face à la science 17
    Bienfaits 18
2 - Faire circuler pour équilibrer 19
    L'énergie du vide 19
    La circulation, source de vie 22
    L'équilibre, source d'harmonie 22
3 - La « tuyauterie » énergétique 24
    Méridiens 24
    Organes et émotions 26

III - LE TAI CHI ASSIS, UNE MÉTHODE ACCESSIBLE 31
1 - Pourquoi le Tai Chi Assis ? 31
    Origine 31
    L'ondulation vertébrale 32
2 - L'Attitude Juste 35
    Le Geste 35
    Le Souffle 39
    L'Intention 43
3 - L'énergie est en vous 48
    Sentir ses manifestations 48
    Percevoir l'énergie 50
    Développer son ressenti 50
4 - Avertissement 53

IV - LE TAI CHI ASSIS, UNE PRATIQUE QUOTIDIENNE 55
1 - S'asseoir entre Ciel et Terre 55
2 - Faire du Tai Chi Assis son quotidien 59
    L'enchaînement : la pause bien-être 59
    Les micro-pratiques 73
    « Mes trois minutes de Tai Chi Assis » 75
3 - Comment intégrer le Tai Chi Assis au quotidien 80
CONCLUSION 83
ANNEXE 85
BIBLIOGRAPHIE 91

Introduction

En guise d'introduction, commençons par une expérience.
Posez vos pieds à plat, redressez le dos pour ne pas être adossé.
Portez votre sensibilité sur vos mains. Sentez le contact de ce livre dans vos mains. Prenez conscience de votre nombril et sentez le mouvement de votre ventre lorsque vous respirez.
Inspirez par le nez, expirez par la bouche.
Sentez votre colonne vertébrale.
En expirant, sentez tout ce qui vous attire vers la Terre.
En inspirant, sentez tout ce qui vous étire vers le Ciel.
Fermez les yeux et sentez...

... cette qualité de présence : ici dans votre corps et maintenant dans l'instant, cette perception de la verticalité, cette assise solide, cette conscience du corps. Vous êtes en train de faire du Tai Chi Assis.

Le Tai Chi Assis est une méthode simple pour s'asseoir dans son centre, retrouver son corps, apaiser le mental : être ici et maintenant dans l'instant présent.

Comment utiliser ce livre

L'objectif de ce livre est de vous permettre d'expérimenter un outil de bien-être simple et efficace : le Tai Chi Assis.
En étant présent, à l'écoute de votre corps, vous accédez à un espace de quiétude à l'intérieur de vous.

En adaptant la théorie du Tai Chi à notre mode de pensée et ses applications à notre mode de vie, ce livre permet de comprendre le Tai Chi et d'intégrer sa pratique dans la vie quotidienne.
Épurés de leur contexte ésotérique et enrichis de nos connaissances actuelles, les concepts du Tai Chi présentés à partir d'expériences ludiques deviennent accessibles à notre esprit occidental.
Adaptée aux contraintes de la vie moderne, la pratique de cet art ancestral devient un outil efficace, applicable au quotidien.

La pratique du Tai Chi Assis apporte rapidement une détente du corps et de l'esprit, par l'apaisement de la respiration. À moyen terme, il permet de corriger les mauvaises habitudes posturales, grâce au centrage. À long terme, il régule les grandes fonctions en favorisant la circulation des liquides internes et de l'énergie. Mais avant tout, le Tai Chi Assis nous installe dans la conscience du moment présent.

Une décennie s'est écoulée depuis la première édition de cet ouvrage. Période qui m'a permis d'enrichir son contenu grâce aux retours des lecteurs mais aussi des entreprises utilisant le Tai Chi Assis dans le cadre de la gestion du stress. Je suis très heureux de partager avec vous le fruit de plus de vingt années de recherche et d'expériences.

Il s'agit d'un livre à lire mais surtout à pratiquer. La compréhension intellectuelle est intéressante mais inutile sans le ressenti corporel. En définitive, cet ouvrage s'adresse moins à votre tête qu'à votre corps. Avant de nous intéresser au Tai Chi Assis, découvrons ensemble si vous avez déjà fait du Tai Chi sans le savoir.

On fait tous du Taï Chi sans le savoir

Le Taï Chi consiste à faire circuler l'énergie dans le corps entre Ciel et Terre. Il s'agit de faire descendre l'énergie yin (l'énergie du repos) vers la Terre et monter l'énergie yang (l'énergie de l'action) vers le Ciel.
En ce sens, chacun d'entre nous fait (ou du moins devrait faire) du Taï Chi au moins deux fois par jour. Vous n'êtes pas convaincu ?

Un réflexe ancestral

Quelle est la première chose que vous faites le matin en vous levant ? Lorsqu'on se réveille, on s'étire pour préparer le corps à l'action (faire monter l'énergie yang).

Quelle est la dernière chose que vous faites avant de vous coucher ? Lorsqu'on s'apprête à dormir, on bâille pour préparer le corps au repos (faire descendre l'énergie yin).

L'étirement et le bâillement font circuler, par des mouvements, l'énergie dans le corps entre le Ciel et la Terre. C'est la définition même du Taï Chi. Ces deux réflexes sont donc des mouvements de Taï Chi. On peut même considérer qu'il s'agit des deux mouvements primordiaux du Taï Chi : les deux postures originales qui en se déclinant ont donné naissance aux différentes formes et styles de Taï Chi. Le Yoga, le Qi Gong et la plupart des techniques internes sont également nées de ces deux réflexes, bien avant que ces disciplines ne portent leur nom.

Un mécanisme de régulation

Ces deux réflexes universels, que l'on peut observer chez les animaux aussi bien que chez les nouveaux nés, sont les deux facettes d'un mécanisme d'autorégulation, naturel et quotidien. Ils permettent au corps de s'équilibrer en faisant circuler l'énergie en fonction des besoins du moment : préparer le corps à l'action ou au repos. En terme scientifique : activer le système orthosympathique ou parasympathique. L'étirement, mouvement d'ouverture (yang) et le bâillement, mouvement de fermeture (yin), comme l'accélérateur et le frein d'une voiture, assurent la bonne conduite, l'équilibre de l'organisme. Ils permettent à notre corps de se réguler de lui-même.

Ce mécanisme d'autorégulation, appelé homéostasie, est activé notamment par l'ondulation vertébrale qui caractérise l'étirement et le bâillement. On retrouve d'ailleurs cette mobilisation vertébrale dans le mouvement crânio-sacré des ostéopathes, dans les transes chamaniques des Amérindiens, les danses tribales des Bushmen, dans les cérémonies Masaï... Depuis toujours l'ondulation vertébrale est utilisée pour réguler l'organisme.

Pourquoi vous étirez-vous ? Pourquoi bâillez-vous ?
Si vous ne le savez pas toujours, votre corps le sait. D'ailleurs, on ne décide pas de s'étirer ou de bâiller, pas plus qu'on ne décide du rythme cardiaque, de la digestion ou de la cicatrisation, le corps s'étire et bâille et cela fait du bien. Grâce à cette intelligence du corps, par ces deux mouvements complémentaires, l'organisme entretient son équilibre et nous permet de rester en bonne santé. Ces deux mouvements réflexe seraient-ils des "pics d'activité" du mouvement interne que les ostéopathes appellent "Respiration embryonnaire". Concept qui n'est pas sans rappeler la respiration de l'enfançon de Lao Tseu, censé apporter la longévité. Malheureusement, lorsque le corps est trop déréglé, ce mécanisme de régulation ne parvient plus à se mettre en place. Chez un organisme déséquilibré (trop yin : hypoactivité ou trop yang : hyperactivité, l'énergie ne circule plus, l'étirement et le bâillement ne se font plus, et le déséquilibre s'accentue. C'est un cercle vicieux. Le yin (pour les dépressifs ou le yang (pour les hyperactifs s'accumule, rendant impossible le mécanisme de régulation. Ce sont donc les personnes qui n'éprouvent plus le besoin de s'étirer et de bâiller qui en ont paradoxalement le plus besoin. Si vous ne vous souvenez plus de la date à laquelle remontent vos derniers étirements et bâillements, vous avez raison de faire du Tai Chi Assis.
La pratique du Tai Chi Assis, grâce à l'ondulation vertébrale, ramène la circulation de l'énergie et des liquides corporels et relance ainsi le mécanisme de régulation interne. Concrètement, le Tai Chi Assis, en favorisant la circulation de l'énergie, permet à l'hyperactif de s'endormir le soir (en faisant descendre l'énergie yin bloquée) et au dépressif de retrouver la force de se lever le matin (en faisant monter l'énergie yang stagnante).

Avant de découvrir comment le Tai Chi Assis apporte des solutions aux problèmes modernes, remontons à ses origines pour mieux le comprendre et plongeons ensemble dans l'univers du Taï Chi.

 Le Taï Ji Quan, boxe de longévité

La boxe de longévité

Définition

Lorsque l'on parle de Tai Chi, on fait en réalité référence au Taï Ji Quan (transcription retenue depuis l'instauration du pinyin).

D'après le Dictionnaire Impérial de Kang Hi, le caractère Taï signifie « Grand », Ji signifie « But » et Quan : « Boxe ».
Pour les taoïstes, le Grand But étant la longévité, le Taï Ji Quan peut être traduit : boxe de longévité.

Plus largement, le Tai Chi est le symbole de la transformation des forces complémentaires. Il représente les deux facettes de la vie que sont la mort et la naissance. L'image, désormais bien connue en Occident du yin-yang, est appelée Taï Ji Tu : symbole du Tai Chi.

Le Taï Ji Tu : symbole de la transformation

Pour résumer, le Taï Ji Quan est l'exploration par la boxe des principes du Tai Chi, c'est-à-dire le yin et le yang, en soi.
En explorant ces deux pôles de toute manifestation que sont le yin et le yang (vide et plein, lourd et léger, relâchement et tension, etc.) à l'intérieur de son corps, le praticien permet à l'énergie de circuler et à l'organisme de se réguler.

Pour mieux comprendre

Le Taï Ji Quan d'après les pictogrammes

Taï   Ji   Quan

D'après les idéogrammes, Taï Ji Quan signifie « Boxe du Grand But » que l'on peut traduire par « Gymnastique de l'Équilibre » ou « Boxe de Longévité ». Si l'on se réfère aux pictogrammes qui composent ces idéogrammes, la traduction est encore plus intéressante.

L'idéogramme Taï vient du pictogramme Da, qui représente un **homme**. L'idéogramme Ji se décompose en deux idéogrammes : Mu et Ji. Mu représente l'**arbre**, Ji représente l'**activité**.
L'idéogramme Quan, se décompose lui aussi en deux idéogrammes Shou et Quan. Shou représente la **paume** et Quan le **poing**.

Si l'on se réfère aux pictogrammes, le Taï Ji Quan peut se traduire ainsi : « l'homme qui fait l'arbre en bougeant les mains ».

Historique

D'un point de vue historique, le terme Taï Ji Quan est apparu aux alentours du XVe siècle. À l'époque, il était transmis héréditairement au sein du Clan Chen du village de Chen Jiagou. Mais en réalité, les principes de cette discipline datent de plus de 5 000 ans.

De nombreuses légendes mêlant fiction et faits historiques relatent l'apparition des principes du Taï Ji. La plus connue est celle du moine observant le combat d'une grue et d'un serpent. Les mouvements circulaires et fluides du serpent ayant eu raison des attaques rectilignes de l'oiseau, le moine en déduit l'efficacité de la souplesse par rapport à la raideur.

D'après une autre légende moins connue, les principes du Tai Chi seraient apparus à la période des Royaumes Combattants. À l'époque le premier Empereur de Chine, Shi Huang Di, un tyran sanguinaire, régnait sur le pays. Après avoir unifié le pays et fait construire la Grande Muraille de Chine, dans un délire de toute puissance, il décide de devenir immortel. Il convoque donc tout ce que son royaume compte de médecins, de savants et d'alchimistes. Une fois réunis dans son palais, il leur donne l'ordre de mettre leurs connaissances en commun pour mettre au point une technique lui permettant de devenir immortel. La théorie du Tai Chi était née.

Shi Huang Di est mort quelques années plus tard. Les Sages chinois de l'Antiquité n'ont donc pas découvert le secret de l'immortalité. Mais ils s'en sont rapprochés, puisqu'une série d'expériences semblent prouver que la pratique régulière du Taï Ji Quan augmente les défenses immunitaires et stimule la sécrétion de DHEA. Le Taï Ji Quan, la « Boxe de Longévité », porte donc bien son nom.

Actuellement

Dans les parcs et les jardins du monde entier, chaque matin, des hommes et des femmes de tous âges font des mouvements lents et harmonieux. Ils pratiquent l'art traditionnel du Taï Ji Quan. Cette discipline ancestrale, à l'origine transmise dans le secret, de génération en génération au sein d'une seule famille, s'est aujourd'hui répandue sur toute la planète, pour devenir l'exercice de santé le plus pratiqué sur terre.

En Occident, il y a encore quelques années, s'asseoir en lotus ou effectuer des mouvements lents suffisait pour être perçu comme un marginal. Ce n'est plus le cas de nos jours. Après avoir recherché la performance, l'Occident recherche aujourd'hui le bien-être, pour faire face au stress grandissant. Cette quête nous amène naturellement à nous tourner vers cette discipline de la médecine traditionnelle chinoise aux multiples vertus : le Taï Ji Quan.

La médecine chinoise face à la science

Les principes de la médecine traditionnelle chinoise, issus du Tai Chi, furent longtemps gardés secrets par les sages chinois. C'est « grâce » à Mao et à la Chine communiste que nombre de maîtres chinois pourchassés ont été obligés de se réfugier en Occident. C'est alors que leur connaissance s'est largement répandue en Europe. Déjà au début du XXe siècle, Soulié de Morant, diplomate français, puis le docteur Niboyet, ont prouvé l'existence des points d'acupuncture. À la fin des années quatre-vingts, l'OMS (Organisation Mondiale de la Santé) a établi une liste de huit cents points d'acupuncture reconnus.

Puis au cours de ces dernières années, des expériences utilisant des traceurs radioactifs ou des caméras thermosensibles ont permis de visualiser le trajet des méridiens reliant les points d'acupuncture entre eux. Trajets décris depuis des milliers d'années par les maîtres chinois.

Enfin, les progrès de l'imagerie médicale permettent aujourd'hui d'établir des théories neurophysiologiques, expliquant les effets de la médecine chinoise. La stimulation de points d'énergie stimulerait certaines zones du cerveau, entraînant la sécrétion de neurotransmetteurs.

Si les avancées de la science moderne permettent aujourd'hui d'expliquer les effets de la médecine chinoise, ses bienfaits sont utilisés depuis plusieurs millénaires.

Bienfaits

Vous trouverez en annexe une série d'études qui semble prouver les effets bénéfiques du Taï Ji Quan dans plusieurs domaines : faiblesse immunitaire, stress, insomnie, trouble cardio-vasculaire, ostéoporose, arthrite, arthrose, etc.

Plus simplement, tous ceux qui pratiquent le Taï Ji Quan de manière régulière en ont senti les bienfaits en eux.

Parmi ses effets positifs, le Taï Ji Quan :

- apaise le mental
- réduit les tensions
- entretient les muscles et tendons
- favorise la concentration
- prévient les maux de dos
- améliore le sommeil
- améliore la digestion
- améliore les fonctions respiratoires
- améliore les capacités psychomotrices
- améliore l'équilibre et la posture

Faire circuler pour équilibrer

L'exposé qui suit est volontairement simplifié. Cette vulgarisation a pour objectif de désacraliser le Taï Ji Quan et de l'épurer de son contexte ésotérique pour le rendre accessible à tous, notamment aux esprits cartésiens. En adaptant les images à nos références occidentales, les principes du Tai Chi se révèlent universels et relever du bon sens.

La théorie du Tai Chi est à la fois ancestrale et moderne, extrêmement complexe et d'une grande simplicité. Je vous propose une approche « occidentale » pour résumer le Tai Chi en trois points : l'énergie, la circulation et l'équilibre.

L'Énergie du vide

En Juillet 2010, les médias du monde entier relataient l'histoire extraordinaire d'un indien nommé Mataji, qui prétendait ne pas avoir mangé depuis plus de soixante ans. Il fut donc filmé et contrôlé 24 heures sur 24 par une équipe de trente médecins à l'hôpital d'Ahmedabad. Après deux semaines, le docteur Sudhir Shah, responsable de l'équipe, avoua ne pas comprendre comment cet homme de 80 ans pouvait pendant quinze jours se maintenir en pleine forme sans manger, sans boire et sans altération de son organisme. D'après les connaissances actuelles de la science, il n'y a pas d'explication. Si en revanche on écoute ce vieil Indien à la barbe blanche, il s'agit d'un phénomène naturel : il se nourrit du Prâna, l'énergie présente dans l'univers.

Pour un esprit cartésien, les notions de Prâna, d'énergie vitale ou encore de Chi, peuvent sembler fantaisistes. Pourtant, les découvertes scientifiques des cinquante dernières années ont mis en évidence le fait que toute matière, des atomes aux planètes, n'est composée que d'énergie.

Pour mieux comprendre

Quand la physique quantique rejoint les théories ancestrales

- D'après la « théorie des cordes », les atomes sont composés de cordes vibrantes. Un grain de sable est composé de milliard d'atomes ; chaque atome est composé de milliard de « cordes vibrantes ». La nature des atomes est déterminée par la fréquence énergétique de ces cordes ; ce qui différencie un grain de sable d'une goutte d'eau, c'est la vibration des cordes qui composent leurs atomes.

> Autrement dit : toute matière est composée d'énergie.
>
> - D'après l'astrophysique, l'univers est régi par ce que les physiciens appellent « l'énergie sombre ». Celle-ci est indispensable à l'équilibre de notre univers puisqu'elle le compose, selon la NASA, à 72 %.
> Autrement dit : notre univers est composé en majorité d'une énergie insondable.
>
> - La physique quantique a démontré que le vide entre les particules était rempli d'énergie : « l'énergie du vide ». À partir du vide absolu on pourrait extraire de l'énergie sous forme de chaleur, de travail mécanique...
> Autrement dit : le vide est potentiellement plein d'énergie.
>
> Ces découvertes récentes rejoignent les théories de base du Taï Chi : toute matière n'est qu'énergie, l'univers est mu par une énergie invisible, l'énergie naît du vide...

Grâce à ces nouvelles données, les théories ancestrales du taoïsme semblent plus que jamais d'actualité.
En effet, depuis plus de 2 000 ans, les taoïstes évoquent, de leur côté, l'existence d'une énergie universelle et invisible régissant tout dans l'univers. Une sorte de courant électrique, ou plutôt de courant bioélectrique, une énergie universelle et invisible présente en chaque phénomène naturel, qui apparaîtrait du néant. Universelle parce qu'elle est présente partout. De l'infiniment grand à l'infiniment petit, tout dans l'univers est mu par cette énergie. Au niveau du macrocosme, c'est elle qui permet aux satellites de tourner en orbite autour des planètes. Au niveau du microcosme, c'est encore elle qui permet aux électrons de tourner autour du noyau. On la retrouve partout comme en témoignent les grandes civilisations à travers les temps. Les Indiens l'appellent Prâna ; les Grecs l'appelaient Pneuma ; dans notre civilisation judéo-chrétienne, cela se rapproche du Souffle de vie ; quant aux taoïstes, ils l'appellent Chi.
L'Énergie est donc universelle, mais aussi invisible. Tout comme le vent et l'électricité, elle ne peut être vue, on ne peut percevoir que ses manifestations. Le vent est invisible, mais pour percevoir ses manifestations il suffit d'aller en bord de mer. L'électricité est invisible, mais pour percevoir ses manifestations il suffit de mettre les doigts dans la prise ! De la même manière, l'Énergie est invisible et pour la percevoir il suffit... de faire du Taï Chi Assis.

L'Énergie vitale (ou Chi) est donc une « énergie du vide », universelle et invisible, présente en chaque chose, en chaque être et donc à l'intérieur de vous. C'est précisément cette énergie qui assure l'homéostasie, l'équilibre intérieur, et c'est elle que nous allons découvrir puis cultiver avec le Tai Chi Assis.

Pour mieux comprendre

L'énergie au travers des cultures

Chi
« Le Chi détermine l'existence et les transformations de tous les êtres et de toutes les choses de l'univers. »
Zhang Jingyue (*Huangdi Neijing*)

Prâna
« Je suis Prâna, le Souffle de Vie et la Conscience présente au cœur de tous les êtres... »
Kaushitaki (*Upanishad*)

Pneuma
« Le Pneuma désigne le concept de force vitale, développé par les médecins antiques. »
Gérard Verbeke (*L'évolution de la doctrine du pneuma*)

Ka
« Il était le symbole de la force vitale entretenue par la nourriture, le principe de la vie et de l'énergie. Rejoindre son Ka signifiait mourir. »
A. David Rosalie *(The Egyptian Kingdoms)*

Rouhar
« Il y avait du Rouhar (à la fois souffle et âme en hébreux) au dessus de l'abîme »
(*L'Incipit de la Genèse*)

Souffle de vie
« L'Éternel Dieu forma l'homme de la poussière de la terre, il souffla dans ses narines un souffle de vie et l'homme devint un être vivant. »
(*Genèse 2 :7*)

La circulation, source de vie

Tant que le cœur bat, assurant la circulation du sang dans le corps, l'individu est en vie. En revanche, dès que le cœur s'arrête de battre, la vie quitte le corps. Cela vous semble une évidence ? Toute aussi évidente est l'importance de la circulation dans le corps.

La science occidentale nous révèle que notre corps est composé à 60 % de liquides : sang, lymphes, LCR (liquide céphalo-rachidien), etc. Ces liquides biologiques assurent chacun un rôle essentiel à la santé. Le sang apporte la nourriture à l'organisme comme un livreur de pizza, la lymphe nettoie l'organisme comme un camion poubelle, le système immunitaire défend l'organisme comme un camion de police et le LCR transmet l'information comme un facteur. Pour que chacun puisse remplir son rôle convenablement, il est essentiel que la circulation soit bonne. En cas d'embouteillage, aucun de ces acteurs ne peut remplir son rôle correctement et l'organisme se dérègle. Il n'est plus à même de remplir son rôle de régulateur. Pour prendre une autre image, lorsqu'un nerf est coincé ou une artère bouchée, ils ne peuvent remplir leurs rôles.

En observant la nature, les Sages chinois comprennent eux aussi l'importance de la circulation pour maintenir la santé de l'individu. Ils en concluent que la circulation de l'énergie assure la santé et, inversement, son blocage favorise la maladie. Le but du Taï Ji sera donc de favoriser la circulation de l'énergie : dans le corps avec l'acupuncture ou le Taï Ji Quan, dans l'habitat avec le Feng Shui. D'après les classiques de la littérature médicale chinoise, la circulation de l'énergie est essentielle à la santé, parce qu'elle assure l'équilibre des deux facettes de l'énergie : le yin et le yang.

L'équilibre, source d'harmonie

L'Énergie est invisible, on ne peut pas la voir directement, on ne peut percevoir que ses manifestations. Celles-ci peuvent être de deux types : descendante ou ascendante.

Pour simplifier, l'énergie qui descend est l'énergie du repos et l'énergie qui monte est celle de l'action. Ce concept est très proche des notions occidentales concernant le système nerveux involontaire :

- parasympathique qui, comme l'énergie descendante, favorise le repos de l'organisme ;
- orthosympathique qui, comme l'énergie ascendante, favorise l'activation de l'organisme.

Les taoïstes parlent plutôt du yin et du yang. Lorsque l'énergie descend elle est appelée yin et lorsqu'elle monte elle est appelé yang. Le yin est associé à la Terre, le yang au Ciel. Le yin, l'énergie qui descend vers la Terre, se manifeste dans le repos, la détente, la fatigue et le relâchement. Le yang, l'énergie qui monte vers le Ciel, se manifeste dans l'action, l'effort, le tonus et le stress. Le yin est l'énergie qui nous permet de nous endormir le soir, le yang est l'énergie qui nous permet de nous lever le matin.

Si l'énergie descendante et ascendante, l'action et le repos, l'orthosympathique et le parasympathique, le tonus et le relâchement, etc. sont équilibrés, l'organisme est équilibré, il peut s'autoréguler et l'individu vit longtemps et en bonne santé. Autrement dit, un juste équilibre entre yin et yang assure santé et longévité ; a contrario, l'excès ou le manque de yin ou de yang entraîne un déséquilibre pour l'individu, le rendant vulnérable à la maladie.

Cette théorie prônant la santé par l'équilibre des polarités, loin d'être révolutionnaire, semble relever du bon sens. Dans la pratique en revanche il est souvent difficile pour nos contemporains d'accueillir avec une humeur égale les manifestations yin (fatigue, gravité, tristesse, passivité, etc.) et les manifestations yang (excitation, entrain, joie, activité, etc.)
Notre société nous pousse à chercher le yang et à fuir le yin. Le Tai Chi Assis propose de renouer avec le bon sens, de retrouver l'équilibre intérieur en accueillant le yin comme le yang.

Pour mieux comprendre

La physiologie du yin et du yang

Au niveau physiologique, le yin et le yang sont comparables aux systèmes sympathiques et parasympathiques.
Le système nerveux est divisé en deux groupes : le système nerveux volontaire (qui permet de saisir une pomme) et le système nerveux autonome (qui permet de digérer la pomme). Le système nerveux autonome est, comme son nom l'indique, indépendant de notre volonté. Il gère toutes les fonctions inconscientes de l'organisme : digestion, battement cardiaque, sudation, etc. Ce système nerveux autonome est lui-même divisé en deux sous-systèmes :

> le système orthosympathique et le système parasympathique. L'orthosympathique correspond à l'accélérateur de l'organisme alors que le parasympathique correspond au frein.
>
> En cas de stress, le système orthosympathique est activé, pour permettre à l'organisme de répondre à la situation. Les battements cardiaques, la respiration, la sudation, la tension augmentent. En revanche, le parasympathique est activé dans les phases de repos, pour permettre à l'organisme de récupérer. Les battements cardiaques, la respiration, la sudation, la tension diminuent.
>
> Pour résumer : l'orthosympathique favorise l'action (yang) et le parasympathique favorise le repos (yin). Un organisme ne peut se maintenir en bonne santé en cas de déséquilibre prolongé entre ces deux systèmes.

Pour résumer, il existe une énergie universelle qui a besoin de circuler pour être équilibrée et ainsi remplir son rôle de régulation.

Après avoir abordé les principes de base du Taï Ji à la lumière de la science moderne, approfondissons encore notre compréhension du Taï Chi en nous intéressant à ses mécanismes.

La « tuyauterie » énergétique

Méridiens

En 2005, par un beau matin d'avril, une équipe de chercheurs allemands a réussi, pour la première fois, à photographier les méridiens d'acupuncture à l'aide d'une caméra thermosensible à rayonnement infrarouge. Une nouvelle fois, les progrès de la science moderne permettent de confirmer des théories millénaires. En l'occurrence, l'existence de tuyaux parcourant notre corps et traversés par une fine activité électrique.

L'énergie circule entre Ciel et Terre. L'énergie yin descend du Ciel vers la Terre et l'énergie yang monte de la Terre vers le Ciel. Pour traverser l'homme, l'énergie passe dans des tuyaux appelés méridiens, *nadis* ou *sen* selon la tradition. Le corps est donc parcouru par un certain nombre de tuyaux, que l'on retrouve de manière symétrique de part et d'autre. Il existe cinq tuyaux ou méridiens yin et cinq yang.

Les tuyaux yin passent par l'arrière et l'extérieur du corps, tandis que les tuyaux yang passent par l'avant et l'intérieur.

Ces tuyaux traversent sur leur chemin les différents organes. Chaque tuyau passe par un organe en particulier auquel il est associé. Ainsi chacun des dix méridiens est associé à l'un des dix organes internes.

La bonne circulation de l'énergie dans un canal assure le bon fonctionnement de l'organe qu'il traverse et vice versa.

Si, par des tensions musculaires le long de son trajet, un méridien est bloqué, l'organe auquel il est associé fonctionnera mal. Autrement dit, si le tuyau est obstrué, l'organe traversé par ce tuyau sera mal alimenté et ne pourra pas remplir son rôle. À l'inverse, si un organe fonctionne mal, le méridien auquel il est associé sera bouché.

Pour mieux comprendre

La photo d'un méridien

En avril 2005, des chercheurs allemands de l'Institut international de biophysique ont réussi pour la première fois à photographier un méridien d'acupuncture à l'aide d'une caméra thermosensible à rayonnement infrarouge.

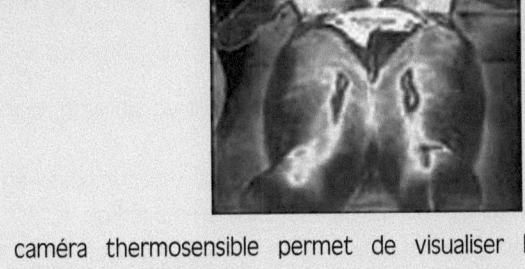

La caméra thermosensible permet de visualiser la chaleur émise par l'organisme. En utilisant un moxa (cône d'armoise chauffant) déposé sur le trajet d'un méridien, les images révèlent que la chaleur s'engouffre selon un chemin correspondant en tous points aux illustrations traditionnelles des ouvrages de médecine traditionnelle chinoise (MTC). Vous voyez la première photographie prise d'un méridien, en l'occurrence celui de la Vessie.

Schlebusch K.P., Maric-Oehler W., Popp F.A., « Biophotonics in the infrared spectral range reveal acupuncture meridian structure of the body », *The Journal of Alternative and Complementary Medicine*, février 2005.

Le but du Taï Chi est d'entretenir, de nettoyer et de déboucher cette tuyauterie pour permettre à l'énergie d'y circuler librement. Ainsi les méridiens peuvent acheminer l'énergie nécessaire aux organes qu'ils traversent, afin que ces derniers remplissent leur rôle. Ils rempliront leur rôle au niveau physiologique mais aussi émotionnel.

En effet, dans la conception énergétique, les organes ont une double fonction : assurer le bon fonctionnement du corps mais aussi celui de l'esprit.

Organes et émotions

Cinq cents ans avant notre ère dans la Grèce antique, Hippocrate, le père de la médecine, établissait avec sa théorie des Humeurs un lien entre organe et émotion. La médecine traditionnelle chinoise émet la même hypothèse : chaque organe possède un rôle physiologique mais aussi un rôle émotionnel. Précisons qu'en MTC, lorsqu'on parle d'un organe interne, on parle non seulement de l'organe en lui-même mais également de son énergie propre, de son entité, de ses fonctions générales dans l'organisme. Dans cette vision les sphères physiques, émotionnelles et mentales ne sont pas séparées, puisqu'elles ne sont que des manifestations de l'énergie à des niveaux plus ou moins subtils. Dès lors, il n'est pas étonnant que chaque organe ait une action précise sur l'état interne (l'humeur). Un organe pourra être déséquilibré à cause d'un trouble émotionnel et vice versa. Un cœur trop yang provoque un trac excessif et un trac excessif amène un trop plein de yang au cœur. Pour mieux le comprendre, penchons nous sur un concept que l'on retrouve chez le philosophe Pythagore : la théorie des Cinq Éléments.

La théorie des Cinq Éléments, est, avec celle du yin-yang, le fondement même de la philosophie taoïste.

D'après cette théorie, tout dans l'univers est composé, en plus ou moins grande quantité, de cinq éléments : l'Eau, le Feu, le Bois, le Métal et la Terre. En réalité il serait plus juste de traduire le terme originel « Wu Xing » par « cinq mouvements » plutôt que cinq éléments. En effet, il ne s'agit pas de composants immuables, mais plutôt des différents états que traverse l'énergie au cours de ses transformations. En fait, la théorie des Cinq Éléments est une expansion de la conception du yin-yang. Cette dernière repose sur une vision bipolaire de l'énergie qui oppose le Ciel et la Terre, l'action et le repos, le Feu et l'Eau. Le concept des Cinq Éléments l'approfondit puisqu'il introduit trois états transitoires.

Le taoïsme s'intéresse à la circulation de l'énergie entre Ciel et Terre, à la transformation du yin en yang et vice versa. Puisque le yin, froid, descendant et immobile, est incarné par l'Eau et le yang chaud, ascendant et mobile, par le Feu, les sages chinois de l'antiquité ont jugé utile d'établir des phases de transition, des étapes décrivant comment l'Eau se transforme en Feu et comment le Feu devient Eau.

Le Bois représente la montée de l'Eau vers le Feu (du yin vers le yang) tandis que le Métal représente la descente du Feu vers l'Eau (du yang vers le yin). Enfin la Terre est l'élément central assurant la transition entre ces différents états. Prenons un exemple simple, l'eau minérale en bouteille.

Dans sa phase la plus yang, correspondant à l'Élément Feu, l'eau est à l'état d'évaporation (chaud, expansion et mobile). Dans sa phase la plus yin, correspondant à l'Élément Eau, l'eau est à l'état de glace (froid, concentration et immobile). Dans sa phase Bois, l'eau est en état d'ébullition (mouvement ascendant), dans sa phase Métal elle est à l'état de condensation (mouvement descendant) et dans sa phase Terre elle est liquide (mouvement de transition).

Il existe dix méridiens principaux, chacun en relation avec l'un des dix organes internes. Les organes sont couplés par deux : Cœur et Intestin Grêle, Foie et Vésicule Biliaire, Poumon et Gros Intestin, Rein et Vessie, Rate et Estomac. Chaque couple d'organe est associé, en fonction de son rôle dans l'organisme, à l'un des Cinq Éléments. Chaque organe assure au niveau physiologique et émotionnel des fonctions dans l'organisme, en rapport avec les caractéristiques de l'Élément auquel il est associé.

● L'Élément **Feu**, associé à l'été, symbolise la chaleur, l'action, l'expansion. Il est associé au **Cœur**, au système circulatoire. Lorsque l'énergie du Feu fait défaut, l'individu est apathique, lorsqu'elle est en excès, il devient hyperactif ; équilibrée elle apporte la joie.

● L'Élément **Eau**, associé à l'hiver, symbolise l'immobilité, la germination, la purification, il est associé à la **Vessie**, au système éliminatoire. Lorsque l'énergie de l'Eau fait défaut, l'individu est insomniaque, lorsqu'elle est en excès, il devient dépressif ; équilibrée elle apporte la sagesse.

● L'Élément **Bois**, associé au printemps, symbolise l'ouverture, la montée. Il est associé au **Foie**, à la désintoxication. Lorsque l'énergie du Bois fait défaut, l'individu est timide, lorsqu'elle est en excès, il devient colérique ; équilibrée elle apporte le courage.

- L'Élément **Métal**, associé à l'automne, symbolise la fermeture, la descente, la concentration. Il est associé au **Poumon**, aux défenses immunitaires. Lorsque l'énergie du Métal fait défaut, l'individu est désorganisé, lorsqu'elle est en excès, il devient maniaque ; équilibrée elle apporte la volonté.

- L'Élément **Terre**, associé à l'intersaison, symbolise la transition, le passage, la transformation. Il est associé à **l'Estomac**, à la digestion. Lorsque l'énergie de la Terre fait défaut, l'individu est illogique, lorsqu'elle est en excès, il devient obsessionnel ; équilibrée elle apporte la raison.

Concrètement, lorsque par un mouvement on étire le méridien de la Vessie (ce qui se fait naturellement lorsqu'on bâille), on l'active sur le plan physiologique (élimination des toxines) mais aussi énergétique (descente de l'énergie) et psychologique (détente, évacuation du stress).
Lorsqu'on étire le méridien du Cœur (ce qui se fait naturellement lorsqu'on s'étire le matin), on active ses fonctions physiologiques (circulation sanguine), énergétique (montée de l'énergie) et psychologiques (dynamisme, activation de l'organisme).

Pour mieux comprendre

En quoi les Cinq Éléments nous influencent

Pour comprendre l'influence que les Cinq Éléments peuvent avoir sur nous, imaginons un arbre.
Comme tous les êtres vivants, l'arbre évolue tout au long de l'année au rythme des saisons. Au printemps, la sève monte et les bourgeons éclosent : c'est l'énergie ascendante du Bois. L'été, l'arbre est en fleurs : énergie d'expansion du Feu. Puis vient l'automne, la sève quitte les branches pour descendre vers le tronc, les feuilles et les graines tombent : énergie descendante du Métal. Enfin l'hiver permet aux graines de germiner sous le sol : énergie de concentration de l'Eau.
Plantez une graine dans un pot isolé, placé dans la salle d'un coffre fort. Si elle reçoit juste ce qu'il faut d'eau et de lumière, même celle d'un néon, l'arbuste qui poussera va suivre avec précision le rythme des saisons sans avoir jamais eu aucun lien avec l'extérieur.
Alors imaginez l'influence que ces énergies peuvent avoir sur un organisme comme le vôtre, ne vivant pas reclus dans la salle d'un coffre fort.

Pour résumer, l'énergie circule dans des tuyaux assurant ainsi l'équilibre et la santé des organes et de l'organisme. En cas de blocages, on peut faire appel à l'acupuncture, qui stimule des points pour libérer les méridiens comme le plombier actionne les valves pour déboucher les tuyaux. Dans le Taï Ji Quan, ce ne sont pas les valves mais directement les tuyaux qui sont sollicités.

Après cette présentation des principes et mécanismes du Taï Ji Quan, découvrons ensemble son application au quotidien au travers du Tai Chi Assis.

3 Le Taï Chi Assis, une méthode accessible

Pourquoi le Taï Chi Assis ?

Rappelons que dans le Taï Ji Quan, le terme « Quan » signifie poing ou boxe. Si le Taï Ji Quan utilise la boxe pour explorer les concepts du Taï Chi, le Taï Chi Assis utilise l'assise. Néanmoins, le principe reste le même : ressentir en soi le Vide (yin), le Plein (yang) pour rétablir l'équilibre par la circulation des liquides et de l'énergie.

Origine

Il existe depuis toujours de nombreuses formes de Dao yin assises. Le but du Taï Chi Assis est d'adapter les principes du Taï Chi et sa pratique à nos modes de vie. Le Taï Chi Assis est né des trois constats suivants :

1 - Notre corps est conçu pour être debout en mouvement, mais nous passons la moitié de notre vie assis immobile.

2 - Plus les gens ont besoin de faire du Taï Chi, moins ils en ont le temps.

3 - Les principes du Taï Chi sont difficiles à mettre en pratique au quotidien. Le Taï Chi Assis répond ainsi à une triple exigence® : des mouvements simples, accessibles et applicables au quotidien. Ainsi, le Taï Chi Assis peut être pratiqué par quiconque, à tout instant, de façon rapide et efficace.

Riche d'une expérience d'enseignant auprès de publics variés (enfants et personnes âgées, malades et sportifs, salariés et vacanciers), j'ai constaté que ceux qui avaient le plus besoin de bénéficier des bienfaits du Taï Chi, de par leur mode de vie, étaient aussi ceux qui avaient le moins de temps à consacrer à cette discipline. Qui plus est, à l'issue d'une séance, les élèves retrouvaient leurs mauvaises habitudes : respirer de manière superficielle, manger un sandwich en marchant, verrouiller la colonne ou se baisser sans fléchir les genoux... oubliant ainsi toute application dans la vie quotidienne des concepts du Taï Chi.

Il me semblait donc nécessaire d'adapter l'enseignement et ses exercices de façon à les rendre accessibles et applicables au quotidien : ne pas attendre que les gens adaptent leur mode de vie au Taï Chi, mais plutôt adapter le Taï Chi à leur mode de vie. Le Taï Chi Assis était né.

Pour résumer, le Taï Chi Assis est une adaptation des théories du Taï Chi à notre mode de pensée cartésien, et de sa pratique à notre mode de vie sédentaire. Cette méthode permet d'explorer une façon d'être, plutôt qu'une façon de faire, au travers d'expériences, de micro-pratiques et d'un enchaînement. Cette attitude s'incarne au travers d'un « geste relâché » : l'ondulation vertébrale.

L'ondulation vertébrale

L'étirement et le bâillement sont d'une certaine manière les deux mouvements originels du Taï Chi. De surcroît, cette ondulation vertébrale se fait sans effort, ni contraction musculaire. Il s'agit d'un merveilleux exemple de geste relâché. Aussi est-il judicieux de s'intéresser à ces deux réflexes pour découvrir ce qu'ils peuvent nous enseigner.

En observant attentivement ces mouvements, on découvre un fait surprenant et riche d'enseignement : le mouvement part du bassin. Au niveau biomécanique, on observe un mécanisme identique lors de ces deux réflexes : la bascule du bassin, entraînant l'ondulation vertébrale.

L'étirement naît d'une bascule du bassin vers l'arrière entraînant, par l'ondulation vertébrale, les bras et la tête vers l'arrière. Le bâillement naît d'une bascule du bassin vers l'avant, entraîne la tête et les bras vers l'avant. Dans un cas comme dans l'autre, c'est un mouvement qui part du centre et se propage aux extrémités. Contrairement aux apparences, ce ne sont pas les bras et la tête qui partent en avant ou en arrière, mais bien le bassin qui entraîne un mouvement global du corps.

Puisque les deux mouvements primordiaux du Taï Ji Quan naissent dans le bassin et se propagent par la colonne, dans la pratique du Taï Chi Assis, chaque mouvement part du bassin et se prolonge par la colonne. À chaque inspiration, le mouvement se diffuse du centre vers les extrémités à partir d'une bascule du bassin vers l'arrière (comme lors de l'étirement). À chaque expiration, une bascule du bassin vers l'avant (comme lors du bâillement) permet au mouvement de revenir des extrémités vers le centre.

Pour passer du concept à la pratique de l'« ondulation vertébrale », voici une série d'exercices en quatre étapes. Ces mouvements ne représentent pas un échauffement, mais une pratique à part entière. Faites-les avec tendresse, comme un cadeau offert à votre corps.

1 - Étirement et bâillement

Pour commencer, afin de mettre la machine en route, d'installer de l'espace, vous pouvez effectuer une série de dix étirements-bâillements. Si vous n'en ressentez pas le besoin, mimez le mouvement. Il est possible qu'adopter la posture du bâillement vous fasse bâiller réellement, mais ce n'est pas indispensable. Le but de l'exercice est de mettre de l'espace dans le corps pour permettre à l'énergie d'y circuler.

1 - Étirement et bâillement :
le mouvement naît du centre (le bassin) et se propage vers les extrémités. Vous pouvez imaginer que vous êtes un chat, un lézard ou n'importe quel être vivant qui s'étire.

2 - Bascule du bassin

En conservant le même mouvement, concentrez-vous ensuite sur le bassin. Réduisez le mouvement des extrémités et portez votre attention au centre. Basculez le bassin vers l'avant puis vers l'arrière.

Pour y parvenir, adoptez la posture de repos (bassin vers l'avant) puis la posture d'action (bassin vers l'arrière). Pour sentir la bascule encore plus facilement, vous pouvez glisser les mains sous les fesses. Vous devriez sentir des os pointus : les ischions. Lorsque vous basculez le bassin vers l'avant, vous devez sentir les ischions glisser sous vos doigts.

Lorsque vous basculez le bassin vers l'arrière, cette fois-ci vous sentez les ischions rouler vers l'arrière. Effectuez ce mouvement vers l'avant et vers l'arrière, une dizaine de fois.

2 - Bascule du bassin :
le bassin et les ischions roulent vers l'arrière puis glissent vers l'avant.

3 - Oscillation vertébrale

Continuez en laissant cette bascule du bassin progresser le long de la colonne. Quand le bassin part en arrière, la poitrine part en avant et vice versa. La colonne se courbe dans un sens puis dans l'autre. Tantôt la poitrine sort, tantôt elle rentre. La bascule du bassin se transforme en une oscillation de la colonne vertébrale. Veillez à bien faire partir le mouvement du bassin. Si le mouvement de la poitrine (se bombant puis se creusant) est très visible, il n'est que la conséquence de la bascule du bassin. Vous pouvez effectuer ce mouvement une dizaine de fois.

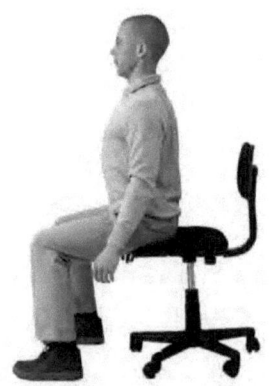 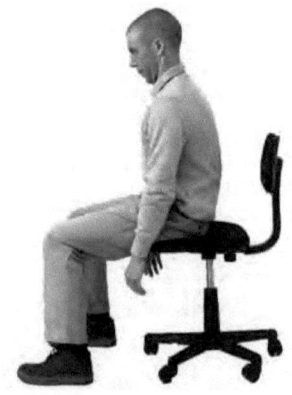

3 - Oscillation vertébrale :
à partir de la bascule du bassin, la poitrine s'ouvre ou se creuse.

4 - Ondulation vertébrale

Enfin, lorsque la bascule du bassin se prolonge le long de la colonne jusqu'aux cervicales, passez de l'oscillation vertébrale à l'ondulation vertébrale. Pour ce faire, passez d'un mouvement rectiligne (avant-arrière) à un mouvement circulaire. Le bassin, la poitrine et la tête ne font plus un mouvement horizontal (avant-arrière), mais ils décrivent désormais un cercle (avant-haut-arrière-bas). Votre colonne vertébrale se met à onduler, reproduisant le mouvement de reptation du serpent. Lorsque vous sentez cette ondulation vertébrale vous pouvez explorer différents rythmes, différentes amplitudes. Pensez cependant à toujours faire naître l'impulsion dans le bassin et maintenir une fluidité du mouvement.

Cette pratique favorise la circulation des liquides et de l'énergie dans le corps en général et au niveau vertébral en particulier. Elle est donc excellente pour prévenir les maux de dos et remettre en route les mécanismes de régulation de l'organisme. D'ailleurs, toutes les formes de Taï Ji Quan, Qi Gong et autres méthodes énergétiques cherchent d'une manière ou d'une autre à favoriser cette ondulation vertébrale. Enfin, la bascule du bassin permet d'initier un mouvement résultant d'un relâcher, non pas d'une tension. C'est l'une des clefs du « geste relâché ».

Pour mieux comprendre le « geste relâché », intéressons-nous à l'Attitude Juste.

L'Attitude Juste

Dans le taoïsme, dont est issue le Taï Chi, on parle de l'Attitude Juste. Celle-ci se résume en trois points essentiels :
le Geste Juste, le Souffle Juste et l'Intention Juste.

Au début de votre apprentissage, concentrez-vous sur le geste. Une fois intégré, le geste peut être accompagné du souffle. Enfin, pour apporter du sens au geste et au souffle, l'intention intervient.

Le Geste Juste

Dans le Taï Chi Assis, le Geste Juste sera relâché, centré et global. Les mouvements sont effectués sans tension, ils partent du centre et sollicitent le corps dans sa globalité.

Le Geste relâché

Un geste relâché est un mouvement accompagné d'une détente musculaire. Le mouvement et la détente sont deux conditions indispensables à la circulation.

En l'absence de mouvement, les liquides internes et l'énergie ne peuvent pas circuler correctement dans un corps. Les personnes alitées souffrent régulièrement de troubles liés à une mauvaise circulation lymphatique. De la même manière, les salariés qui restent des heures durant dans une position statique, qu'ils soient assis ou qu'ils piétinent, connaissent en fin de journée la sensation des jambes lourdes. Si le mouvement est indispensable à la circulation, il est insuffisant sans une certaine détente musculaire.

La réaction naturelle des muscles face au stress est une augmentation de la tonicité : le muscle se contracte. Aussi, toute la journée en réponse au stress, nos muscles se contractent sans que l'on s'en aperçoive. Ces micro-contractions engendrées par le stress provoquent à long terme des tensions résiduelles qui entravent la circulation des liquides.

En effet, le sang circule dans notre corps en empruntant des tuyaux : artères, veines et capillaires, qui traversent les muscles. Lorsqu'un muscle est en tension, même légèrement, son volume augmente. En réaction, les tuyaux le traversant se resserrent, ce qui réduit le débit sanguin. Comme un rétrécissement de chaussée entraîne un bouchon sur le périphérique, une tension musculaire réduit la circulation sanguine. À l'inverse, par la détente, plus les fibres musculaires sont relâchées, plus le tuyau a d'espace, facilitant ainsi la circulation du sang.

Bien qu'ils soient tous deux indispensables à une bonne circulation, mouvement et détente semblent antinomiques. Comment faire un mouvement sans contraction des muscles ? C'est tout simplement impossible. Sauf pour votre corps lorsque vous laissez lors du bâillement, de l'étirement, de l'éternuement, de tremblement, de soubresauts en s'endormant... l'énergie circuler librement.
Lorsque le mouvement ne naît pas d'une tension mais d'un relâchement, le geste est relâché, il favorise la circulation de l'énergie.

Pour retrouver la sensation du geste relâché, appliquez-vous à bouger en sollicitant au minimum les muscles, en les maintenant aussi relâchés que possible.

Pour mieux sentir

Contracter pour mieux relâcher

Le meilleur moyen de détendre un muscle est de le contracter.
Portez votre attention sur vos bras. Ensuite contracter le poing et le bras droit trente secondes (en vous assurant que les autres parties du corps sont détendus) et relâchez-les. À nouveau comparez les deux bras. Vous sentirez probablement un relâchement musculaire au niveau du bras droit (lourdeur, longueur, détente). Effectuez le même exercice avec différentes parties du corps.
Lorsque vous maitrisez le processus, cherchez la détente avec le bras tendu à l'horizontal puis dans le mouvement. Faites le même exercice en marchant.

Le Geste centré

Un geste centré est un geste qui part du centre et revient au centre. Dans le Tai Chi Assis, l'homme est perçu comme une étoile, chaque extrémité étant reliée à son centre. Notre centre, c'est notre bas-ventre. Centre cinétique, centre de gravité, centre mécanique et centre énergétique : c'est ce que les Japonais appellent le Hara. Les sportifs le savent bien, que ce soit pour lancer un javelot, taper dans un ballon ou frapper une balle de golf, la puissance du mouvement vient du bassin. Dans le Tai Chi Assis, chaque mouvement part du centre et revient au centre. À chaque inspiration, une bascule du bassin vers l'arrière provoque une impulsion qui se propage jusqu'aux six extrémités : les deux bras, les deux jambes, le crâne et le sacrum. À chaque expiration, une bascule du bassin vers l'avant ramène le mouvement au centre.
Pour développer la sensation du geste centré, mobilisez les membres de manière symétrique et synchronisée : les mains et les pieds débutent et terminent leur mouvement en même temps.

Pour mieux sentir

La perception des articulations

Avec la pratique, vous sentirez nettement des couples se former : hanches-épaules, genoux-coudes, chevilles-poignets.

> Au début, il suffit de porter son attention simultanément sur ces différentes zones par couple. Vous verrez qu'elles se remplissent (yang) et se vident ensemble (yin).
>
> Ensuite, vous n'aurez plus à y porter attention, la sensation sera présente en permanence.

Le Geste global

Un geste est global lorsqu'il met en jeu le corps dans sa globalité. Toutes les parties du corps participent au mouvement, même les plus éloignées. Lorsque le petit orteil bouge, tout le corps bouge. Le geste global n'est qu'une conséquence du geste relâché et centré. C'est parce que le geste part du centre et se propage dans le corps jusqu'aux extrémités et qu'il est relâché que tout le corps est sollicité par chacun des mouvements.

Pour que le mouvement aille jusqu'aux extrémités, il faut maintenir de la vitalité jusqu'au bout des doigts et des orteils. Les doigts et les orteils sont les mécaniques d'une guitare (molette permettant d'accorder l'instrument en réglant la tension des cordes). Ils permettent de régler le corps-instrument. Même un virtuose ne peut jouer correctement d'un instrument désaccordé. De la même manière, si vos doigts et orteils sont trop tendus ou au contraire pas assez étirés, votre instrument ne pourra jouer une belle mélodie. En étirant les doigts et les orteils vous sollicitez les fascias : supports anatomiques des méridiens.

Pour ressentir le geste global, dans chaque manœuvre, étirez vos six extrémités.

Pour mieux sentir

La perception des extrémités

Effectuez un mouvement simple : soulevez la main, bras tendus, à hauteur de l'épaule puis replacez le bras le long du corps.

Ensuite prenez un instant pour amener l'énergie jusqu'aux bouts des doigts en les allongeant, mettez de la vitalité jusqu'aux extrémités, de l'espace dans les articulations, de l'air entre vos phalanges. Effectuez à nouveau le mouvement et sentez si en étirant les doigts vous percevez une différence dans le ressenti du geste. Avez-vous l'impression de moins utiliser les muscles, de faire un mouvement plus gracieux ?

Le Souffle juste

Dans le Tai Chi Assis, le Souffle Juste consistera à adopter une respiration globale, circulaire et synchronisée.

La respiration globale

La respiration globale est la respiration naturelle, la respiration du nouveau-né, la respiration que l'on adopte naturellement en dormant.

On fait souvent l'éloge de la respiration abdominale. Puisque la plupart d'entre nous ont une respiration haute et superficielle, il est judicieux d'initier les débutants à la respiration abdominale, plus profonde. Néanmoins il serait dommage de se limiter à celle-ci. Pour bâtir un édifice, des fondements solides sont indispensables. Mais ils n'ont aucune utilité si l'on ne construit pas les murs et le toit.

De la même manière, la respiration abdominale est indispensable pour construire une respiration saine, mais insuffisante si l'on n'y rajoute pas la respiration thoracique et claviculaire.

Bien respirer, c'est utiliser le « corps instrument » dans sa totalité, utiliser les basses mais aussi les médiums et les aigus. Pour faire respirer le corps en entier, il importe donc de remplir les trois étages de l'édifice : l'étage abdominal mais aussi les étages thoracique et claviculaire.

Pour effectuer la respiration globale, il suffit de remplir successivement ces trois niveaux. Pour commencer, il est possible de placer la main sur chacun de ces trois niveaux afin de sentir chaque zone se gonfler à l'inspiration et se vider à l'expiration. Le premier étage gonfle vers l'avant : le nombril avance à l'inspiration et recule à l'expiration. Le deuxième étage gonfle sur les côtés : les côtes s'écartent puis se rapprochent. Enfin le troisième étage gonfle vers le haut : les clavicules s'élèvent puis redescendent.

Commencer par remplir ces trois étages l'un après l'autre, puis avec fluidité pour que les trois étages se gonflent et se vident en même temps.

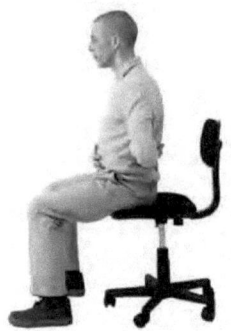 

Le premier étage gonfle vers l'avant : le nombril avance à l'inspiration et recule à l'expiration.

Le deuxième étage gonfle sur les côtés : les côtes s'écartent puis se rapprochent.

 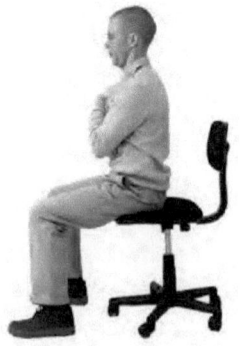

Le troisième étage gonfle vers le haut : les clavicules s'élèvent puis redescendent.

Ce type de respiration permet avant tout de vous détendre. En activant le système parasympathique, la respiration globale vous installe dans un état de calme et de réceptivité propice à l'intériorisation, propice au Taï Chi Assis.

De plus, grâce à la respiration globale on utilise d'avantage les poumons. On permet à l'air de remplir le tiers inférieur des poumons qui habituellement n'est pas utilisé. Cela permet d'optimiser les échanges gazeux : meilleure oxygénation et meilleure évacuation du gaz carbonique.

En outre, cette respiration permet d'effectuer par l'abaissement du diaphragme un massage des organes internes.

Enfin, cette respiration permet d'amener l'énergie dans les « trois trésors » (San Bao), protégés par les trois coffres forts que sont le bassin (protégeant nos « tripes »), la cage thoracique (protégeant notre cœur) et le crâne (protégeant notre esprit).

Pour mieux sentir

La respiration globale avec partenaire

Vous pouvez, avec l'assistance d'un partenaire, vous entraînez à la respiration globale, en gonflant les trois étages séparément. Pour vous aider à remplir le premier étage, demandez à votre partenaire de poser une main sur votre nombril. Pour le deuxième étage, les mains du partenaire sont posées sur les côtes et pour le troisième étage sous les clavicules. Pour chacun des étages, le partenaire exerce une pression sur l'expiration pour vous aider à vider, puis il relâche la pression à l'inspiration en maintenant le contact pour vous laisser repousser la main.

La respiration circulaire

La plupart d'entre nous respirent de manière saccadée. L'inspiration et l'expiration ne s'enchaînent pas de manière fluide, mais de manière discontinue. C'est la « respiration ascenseur ». On oppose alors l'inspiration et l'expiration, le yang et le yin.

Dans le Taï Chi Assis, inspiration et expiration se fondent en un mouvement naturel, fluide et continu. On ne passe pas du jour à la nuit ou de l'été à l'hiver subitement, mais progressivement avec fluidité. Le jour et la nuit s'imbriquent pour former la journée. L'été et l'hiver se complètent pour former l'année. Il n'y a pas deux temps mais un seul, continu. L'inspiration et l'expiration sont imbriquées et forment la respiration.

Pour retrouver cette fluidité de la respiration, que l'on observe chez les nouveaux nés ou lorsque l'on dort, aidez vous d'un mouvement de la main. Commencer par respirer normalement ("la respiration ascenseur"), en accompagnant le mouvement de la main. La main monte à l'inspiration et descend à l'expiration. Pour passer à la respiration circulaire, passez d'un mouvement rectiligne de la main à un mouvement circulaire. La main continue de monter à l'inspiration et de descendre à l'expiration ; non plus dans un mouvement vertical, mais dans un mouvement circulaire. La fluidité du mouvement de la main rythme la respiration, ainsi inspiration et expiration se succèdent. Quand on arrive au sommet de l'inspiration, l'expiration apparaît ; au bout de l'expiration, l'inspiration apparaît. Quand l'inspiration croît, l'expiration décroît et vice versa..
Avec l'habitude, vous vous rendrez compte que les deux temps de la respiration ne font qu'un, comme le mouvement circulaire de la main. Dès lors, vous pourrez apprécier le goût de l'air, de la respiration. Une sensation très douce apparaîtra à la porte des narines. Vous serez à même de sentir l'énergie subtile de l'air.

La respiration synchronisée

La respiration (*re* : relier, *spir* : souffle, *ation* : action), c'est relier le souffle à l'action. Quel est le point commun entre un tennisman, un haltérophile et un karatéka ? Pour se dépasser, ils poussent tous trois un cri qui relie le souffle au mouvement.

La respiration est comme un métronome qui donne du rythme au geste. Elle l'initie, l'accompagne et le prolonge.

Dans le Tai Chi Assis, l'inspiration, yang, accompagne les gestes d'ouverture, de montée, d'extériorisation. À l'inverse l'expiration, yin, accompagne les gestes de fermeture, de descente et d'intériorisation.

La respiration est un moyen d'activer l'énergie, de l'exprimer. En synchronisant la respiration au geste, vous lui apportez une profondeur, une texture, une épaisseur, une réalité énergétique. Si au début cela vous paraît fastidieux, persévérez avec tendresse, vous vous rendrez compte rapidement que c'est aussi naturel que de marcher (une fois dépassé l'apprentissage de la marche).

Pour mieux comprendre

Bien respirer c'est inné, mais pas forcément acquis

La respiration est notre lien au monde. L'homme vient au monde en inspirant et quitte ce monde en expirant. Du premier inspire au dernier soupir, toute notre vie est rythmée par la respiration.

On peut vivre plusieurs semaines sans manger, plusieurs jours sans boire, mais seulement quelques minutes sans respirer. Respirer est évidemment un acte naturel. On pense tous savoir respirer. Pourtant il suffit d'un coup de stress ou d'une émotion forte pour que la respiration se bloque ou s'emballe.

La respiration est comme le levier de vitesse d'une voiture. On peut rouler en restant en première tout au long du voyage, mais ce ne sera ni confortable ni efficace. Pour gérer les virages, les côtes et les descentes de la vie, il est pratique de savoir utiliser son levier de vitesse, de savoir respirer. Le permis de conduire sauve des vies, le « permis de respirer » pourrait sans doute en améliorer.

L'Intention Juste

La différence essentielle entre la gymnastique classique et le Taï Chi Assis réside dans l'intention. Si elle est superflue pour la première, elle est centrale pour le second. Dans le Taï Chi Assis, l'intention va s'exprimer selon trois niveaux, trois degrés de subtilité : l'intention du corps avec la sensation, l'intention de l'esprit avec l'attention et l'intention du cœur avec l'émotion.

La Sensation

Le premier niveau de l'intention est l'intention du corps, la perception des sensations internes. Sentir son corps, ses sensations au niveau des points d'appui, sur la chaise et sur le sol, mais également dans toutes les parties du corps. Si certaines parties sont facile à ressentir, (mains, pieds ou encore langue), d'autres zones semblent muettes. Souvent une zone devient muette suite à un traumatisme physique, mental ou affectif. Pour éviter la douleur, le corps se coupe de la sensation. L'absence de sensation dans une partie du corps signifie que l'énergie y circule mal. À l'inverse, une perception fine du corps, de la tête aux pieds, révèle une bonne circulation de l'énergie dans l'ensemble du corps. Au début, fermer les yeux peut aider l'intériorisation et donc le ressenti du corps. Balayez les différentes parties du corps en commençant par la tête et en restant une minute sur chaque membre puis passez au suivant. Une fois le corps balayé de haut en bas, recommencez de bas en haut.

Ne cherchez pas à ressentir quelque chose en particulier. On a trop souvent tendance à rechercher une sensation précise, voire extraordinaire. On passe ainsi à côté de la sensation disponible. Soyez sans attente, simplement disponible, ouvert à la sensation, et vous serez surpris de ce que vous pourrez observer en vous, au niveau du corps mais aussi de l'esprit.

Pour mieux sentir

Se rendre disponible aux sensations

Mis à part lorsqu'il souffre, nous ressentons rarement notre corps. Il faut une rage de dent pour se rendre compte à quel point l'absence de sensations douloureuses est une sensation agréable.

En réalité les sensations sont toujours présentes, mais nous n'y sommes pas disponibles. Pour le devenir, il suffit de porter son attention sur une zone précise. Commencez par sentir les points de contact sur la chaise, puis le contact du livre, de votre collier, bracelet ou montre. Continuez en déposant votre attention sur votre langue, puis votre palais, votre cœur, votre estomac, vos poumons... Fermez les yeux et prenez votre temps pour ressentir chaque zone avant de passer à la suivante. Vous pourrez bientôt sentir votre corps dans sa globalité. Réalisez cet exercice avec l'esprit d'un enfant : plein de curiosité et de disponibilité.

L'Attention

Après le corps, l'intention peut se poser sur l'esprit. Comme les sensations, les pensées peuvent être observées, sans attente, simplement disponible, ouvert.

Vous avez en tête, l'image d'un chat attendant devant un trou de souris ? Voici la qualité d'attention que nous cherchons à développer. Quelle pensée va pointer le bout de son nez ? Observez sans attente et sans jugement. Dès qu'une pensée est apparue, laissez-la disparaître et revenez devant le trou de souris pour attendre la prochaine. Toutefois, si comme moi, vous avez tendance à accorder trop d'importance à vos pensées et à vous laisser embarquer par celles-ci, voici une technique qui pourrait vous être utile. Elle consiste à observer l'espace où vous entendez vos pensées (pour la plupart des gens, cet espace se situe quelque part entre les deux oreilles). Il n'y a que deux possibilités : soit vous entendez une pensée, soit vous entendez un silence. Dans le premier cas, vous dites : "entendu", dans le second cas "repos". Et répétez simplement l'un de ces deux labels : "entendu" ou "repos", à voix haute ou mentalement, de manière automatique et continue, toutes les quelques secondes à un rythme qui vous convient. C'est un bon moyen de mettre de la distance avec les pensées pour ne plus se faire embarquer. Soyez attentifs à vos sensations et à l'activité des pensées avec le même détachement et vous découvrirez le silence intérieur : l'attention pure, sans objet. Lorsque le corps est disponible et la tête apaisée, le cœur s'ouvre naturellement.

> **Pour mieux comprendre**
>
> **Les effets de l'attention**
>
> La visualisation consiste à maintenir son attention sur un support. Cette technique est utilisée depuis longtemps par les sportifs de haut niveau, afin de préparer la compétition. L'efficacité de cette technique a été démontrée scientifiquement.
>
> Une expérience réalisée aux États-Unis a prouvé par exemple que les effets de la stimulation d'un point d'acupuncture (le 57e point du méridien de la Vessie, qui augmente le taux de globule rouge dans le sang) étaient aussi efficaces lorsque le patient visualisait une lumière rouge au niveau de ce point (lorsqu'il y apportait une attention soutenue) que lorsqu'il était effectivement stimulé par une aiguille. On a observé, après trois semaines de stimulation du 57 V à l'aide d'aiguilles chez un premier groupe, une augmentation du taux de lymphocytes par rapport au groupe test. Mais, chose surprenante, on a noté dans le deuxième groupe, qui n'était pas piqué et ne faisait que porter son attention sur ce point en imaginant une lumière rouge (sans connaître les vertus de ce point), non seulement une augmentation des lymphocytes par rapport au groupe test mais même une augmentation supérieure par rapport au groupe 1. La visualisation est donc non seulement efficace mais même plus efficace que la stimulation mécanique de l'aiguille.

L'Émotion

Le niveau le plus subtil de l'intention porte sur le cœur : l'émotion. Avant d'être du Taï Chi, du Qi Gong ou du Yoga, les mouvements et postures que l'on effectue dans ces différentes disciplines sont des mouvements archétypaux, ancestraux, des attitudes qui existent depuis que l'homme est sur terre.

Bien avant la naissance du Taï Ji Quan, probablement avant même qu'il ne sache parler, l'homme a levé les yeux au ciel, les bras écartés, pour remercier les astres. Cette posture est née d'une émotion qui, par la dynamique de l'énergie interne, s'est exprimée par un geste. Il est intéressant pour nous de faire la démarche en sens inverse : de revenir au sens originel du mouvement, à l'émotion de la posture. Il suffit pour cela de se demander ce que l'on ressent dans cette posture, quelle émotion est née de ce mouvement, quel sentiment est libéré par la stimulation de tel ou tel méridien.

Pour que votre démarche ne se limite pas à la réalisation de gestes mécaniques, au mieux de gestes énergético-mécaniques, il importe de se ressourcer : retourner à la source du mouvement, revenir à l'émotion.

Pour mieux sentir

La forme induit le fond

On sait tous que les émotions (joie, tristesse, colère ou peur) modifient notre posture. Si la poitrine à tendance à s'ouvrir quand nous éprouvons de la joie, la tristesse à tendance à nous voûter. De la même manière que le fond (l'émotion) induit la forme (la posture), la forme peut induire le fond.
Amusez-vous à adopter une posture d'ouverture : bras ouvert, poitrine offerte, regard vers le ciel, comme un acteur jouant un amoureux transi. Puis adoptez une posture de fermeture : poitrine rentrée, bras replié, regard vers le sol, comme un acteur cherchant à rentrer dans la tristesse.
Et sentez la différence des états internes provoqués par ces deux postures. Intéressez-vous à votre relation au monde et aux autres dans ces deux formes opposées. Percevez l'émotion qu'ils font naître.

Résumé

L'Attitude Juste

Geste Juste : relâché, centré et global.
Souffle Juste : global, circulaire et synchronisé.
Intention Juste : sensation, attention et émotion.

- Pour favoriser la circulation, le geste sera relâché, centré et global. Chaque mouvement, effectué dans la détente, se propage du centre vers les extrémités puis revient des extrémités au centre. Cela se manifeste par une bascule du bassin vers l'arrière à l'inspiration, et vers l'avant à l'expiration.

- Pour accompagner le mouvement, le souffle sera global, circulaire et synchronisé.
La respiration remplit les trois étages, de manière fluide et continue. Elle débute à l'inspiration avec le poids du corps sur l'avant des pieds et se termine sur l'expiration avec le poids du corps sur les talons.

- Pour faciliter le parcours de l'énergie, l'intention sera portée sur la sensation, l'attention et l'émotion. Le parcours de l'énergie sera senti sans effort, ni attente. Ensuite il sera observé sans pensée. Enfin les sensations et l'absence de pensée laisseront place à l'émotion.

L'énergie est en vous

Pour beaucoup, l'énergie est un concept qui relève de l'invisible, voire du surnaturel : quelque chose qu'il faudrait des années pour comprendre et encore plus pour ressentir.
En réalité nous avons tous la capacité de ressentir l'énergie interne. Vérifions-le ensemble.

Sentir ses manifestations

Avant de sentir le courant bio-électrique, vous allez commencer par sentir ses manifestations : sentir d'abord comment se manifeste en vous l'énergie yin puis l'énergie yang.

Pour rappel, l'énergie yin est l'énergie du repos, celle qui descend vers la Terre et nous permet de nous endormir le soir. Et l'énergie yang, l'énergie de l'action, celle qui monte vers le Ciel et nous permet de nous lever le matin.

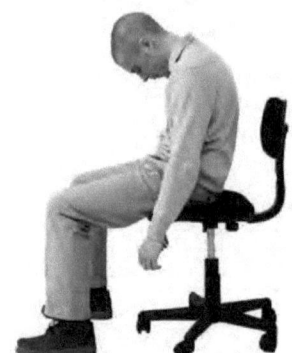

Pour sentir l'énergie yin : « soufflez un coup ».

Installez-vous très confortablement, adoptez une posture confortable en vous étalant dans votre siège, étendez les jambes de sorte que seul l'arrière des talons soit au contact du sol. N'hésitez pas à exagérer cette posture de laisser-aller et soupirez bruyamment.

Poussez quelques soupirs de soulagement en mettant l'accent sur l'expiration. Dans cette posture, les yeux fermés, relâchez la nuque et acceptez de tout perdre. À l'expiration vous abandonnez tout : devoirs, responsabilités, peurs, envies, projets...

Ne gardez rien. Profitez de la respiration yin pour mourir à tout ce qui vous limite. Respirez quelques instants pour goûter cette énergie yin ; pour la savourer, apprécier sa texture. Notez si votre respiration se modifie.

Avez-vous senti qu'en descendant vers la Terre l'énergie yin a abaissé votre respiration ? Si vous avez perçu une sensation de détente, lourdeur, relâchement, lâcher-prise... vous pouvez passer à l'expérience suivante. Si en revanche vous n'avez senti aucune de ces manifestations, recommencez en prenant votre temps. Moins on arrive à sentir la détente, plus on en a besoin.

Pour sentir l'énergie yang : « soyez sur le qui-vive ! »

Redressez-vous, comme si vous étiez dans des starting-blocks, sur le qui-vive, prêt à bondir, les jambes fléchies, le poids du corps sur les orteils et mettez l'accent sur l'inspiration. Imaginez que vous vous apprêtez à défendre votre vie. Vous êtes prêt pour l'action, vous attendez le signal. Là encore exagérez la posture. Prenez quelques inspirations prononcées, comme pour vous donner du courage avant de passer à l'action.

Dans cette posture, respirez quelques instants pour goûter votre état intérieur, pour sentir l'énergie yang, pour observer votre respiration.

Avez-vous senti qu'en montant vers le Ciel l'énergie yang a élevé votre respiration ? Là encore si vous ne l'avez pas ressenti, il est conseillé de recommencer. Si vous n'avez pas senti la dynamisation, c'est sans doute que vous en avez besoin.

Percevoir l'énergie

Après avoir senti les manifestations verticales de l'énergie, vous allez maintenant ressentir le champ énergétique de votre corps.

À nouveau, installez-vous confortablement, cette fois-ci dans une position neutre, ni affalé, ni redressé.
Placez la main gauche paume vers le Ciel, en écartant bien les doigts. Joignez les doigts de la main droite pour que leur bout se touche. Les doigts unis pointent en direction de la paume gauche, sans la toucher. Commencez à tourner lentement dans le sens des aiguilles d'une montre, la main droite. Vous allez rapidement sentir un flux, un mouvement subtil dans le creux de la paume gauche, comme un léger courant d'air.
Si après une minute vous n'avez pas perçu de sensation particulière dans la paume, faites une pause et recommencez en modifiant la vitesse et la distance.

Développer son ressenti

Maintenant que vous avez senti l'énergie, vous allez pouvoir vous familiariser avec, en jouant avec une sphère d'énergie.
Une fois maîtrisé, cet exercice est excellent pour développer votre ressenti, mais également pour vous préparer à l'enchaînement de Taï Chi Assis.

1 - Une fois centré (cf. "s'asseoir entre Ciel et Terre"), positionnez vos deux mains au niveau du nombril, les paumes face-à-face, écartées de quelques centimètres et relâchez les épaules. Puis portez votre attention sur la paume des mains et le bout des doigts. Vous pouvez fermer les yeux pour mieux sentir les manifestations de l'énergie : picotement, engourdissement, chaleur...

2 - Lorsque vous avez senti l'une de ces manifestations, l'étape suivante consiste à rapprocher progressivement les paumes (sans qu'elles se touchent) jusqu'à ressentir une opposition, une résistance, comme si vous rapprochiez deux aimants, comme si vos mains se touchaient avant de rentrer en contact. Sensibilisez-vous à ce ressenti, cherchez à l'apprivoiser, à le préciser, jusqu'à ressentir comme une sphère d'énergie entre les mains.

Découvrir l'énergie.
Fermez les yeux pour mieux sentir les manifestations de l'énergie entre les mains.

3 - La troisième étape consiste à jouer avec cette sphère. Imaginez que vous tenez entre les mains une sphère de la taille d'un ballon de basket. Puis jouez avec cette boule, faites-la tourner, pivoter, basculer. Imaginez cette sphère lourde et glissante®: si vous ne la serrez pas assez elle tombe, si vous la serrez trop elle glisse. Le mouvement de la boule naît au bassin, il est prolongé par le buste et exprimé par les bras.

Se familiariser avec l'énergie.
Imaginez que vous tenez entre les mains une
sphère de la taille d'un ballon de basket. Jouez avec.

4 - Enfin, recommencez en suivant les mêmes étapes mais en plaçant cette fois les mains à hauteur du cœur puis du front.
Notez les différences perçues dans vos mains au niveau de ces « trois trésors ». En face duquel l'énergie est-elle la plus puissante, la plus subtile, la plus chaude, la plus dense ?

Se familiariser avec les trois centres.
Recommencez les mêmes manœuvres en face du cœur puis du cerveau.

Pratiquez ces exercices comme un jeu plutôt que comme un entraînement ou une évaluation. Prenez votre temps, ne passez à l'exercice suivant que lorsque le précédent est intégré. Faites preuve de tendresse envers vous-même, quel que soit ce que vous ressentez ou ce que vous ne ressentez pas. Le Taï Chi n'est ni un sport, ni une performance, mais une méthode de découverte de soi. Il n'y a pas de bons ni de mauvais praticiens, seulement vous et votre ressenti aujourd'hui.

Si ensuite vous ressentez des manifestations de l'énergie dans votre corps ou même au-delà de votre corps physique (entre vos bras et vos côtes par exemple), rassurez-vous : vous n'êtes pas en train de devenir fou. La science moderne permet de mesurer objectivement l'existence d'un champs électromagnétique autour du corps humain. Ces perceptions sont bien réelles, il ne tient qu'à vous de les développer en y consacrant quelques minutes chaque jour.

Avertissement

Le Taï Chi Assis, comme toute pratique corporelle, ne doit être pratiqué qu'avec l'aval de son médecin traitant.
Il ne s'agit en aucun cas d'une méthode de traitement.
Le Taï Chi Assis n'est pas une recette miracle, c'est un art de vivre.

Quelques précautions à prendre pour que la pratique ne soit pas néfaste à votre corps :

- **Ne pas forcer.** Les mouvements doivent être effectués en douceur, sans effort, sans tension, sans jamais forcer.

- **Ne pas bloquer la respiration.** Au contraire, l'utiliser de manière fluide et synchronisée aux mouvements.

- **Maintenir le dos aligné.** Gardez toujours conscience de votre verticalité. Le sommet du crâne à l'aplomb de votre périnée et dans l'alignement de la colonne vertébrale.

- **S'écouter.** Le Taï Chi est avant tout un art de l'écoute. Il est essentiel d'écouter son corps pour accueillir les sensations et éviter les accidents.

Maintenant que vous êtes familiarisés avec le Taï Chi Assis et que vous sentez l'énergie en vous, il est temps de découvrir comment l'intégrer à votre quotidien.

LE Tai Chi assis, une pratique quotidienne

Pour faire du Tai Chi Assis au quotidien, trois approches vous sont proposées : l'enchaînement, les micro-pratiques et le programme « mes trois minutes de Tai Chi Assis ». Avant de les découvrir, voici un moyen simple et discret pour faire du Tai Chi Assis à chaque fois que vous y pensez.

S'asseoir entre Ciel et Terre

La pratique la plus basique du Tai Chi Assis consiste à s'asseoir entre Ciel et Terre : être « ici », dans son centre et maintenant, dans l'instant. Trois étapes pour habiter son centre en se reliant à l'univers : se centrer, s'enraciner puis s'élever.

Pour commencer, voyons la position de base. Avancez-vous au bord de la chaise, le dos droit et les bras relâchés. Puis, posez vos pieds à plat, écartés de la largeur des épaules. Idéalement, les tibias forment un angle droit avec le sol.
Variante : Pour stimuler d'avantage l'énergie yin, les pieds peuvent être avancés par rapport aux genoux. À l'inverse pour stimuler l'énergie yang, les pieds peuvent être reculés derrière les genoux.

Se centrer

Pour prendre conscience de votre centre, pour vous aligner, balancez votre buste d'avant en arrière et réduisez l'amplitude du mouvement jusqu'à trouver votre verticalité, le juste milieu. Ce point d'équilibre correspond à la position dans laquelle vous ne ressentez plus de tension ni dans l'abdomen, ni dans le bas du dos.
Recommencez en vous balançant de droite à gauche et à nouveau réduisez le mouvement jusqu'à sentir le point d'équilibre par lequel la gravité vous traverse de manière verticale, permettant un parfait alignement du sommet du crâne avec le périnée sans la moindre tension. Une fois aligné, il ne vous reste plus qu'à vous centrer en adoptant une respiration globale. En réalité si vous adoptez la respiration globale (cf. Souffle Juste), vous vous retrouverez automatiquement et naturellement centré.

Pensez à rester toujours centré lorsque vous pratiquez le Tai Chi Assis. Puisque l'on est assis la majorité du temps, il sera plus facile de retrouver cette conscience du centre au quotidien. Rapidement votre corps s'installera dans cette sensation tout au long de la journée.

Pour mieux sentir

Centré ici et maintenant

Pour sentir le centrage, vous pouvez faire la même expérience avec la variante suivante : assis sur une chaise ou un tabouret, croisez les chevilles et soulevez les pieds pour que ceux-ci ne soient plus en appui sur le sol. Puis balancez le buste en avant, en arrière, à droite et à gauche jusqu'à ressentir la gravité qui vous traverse parfaitement. Il s'agit du même exercice à la différence que vos pieds ne vous servent plus de béquille. L'équilibre est donc plus subtil à trouver mais aussi plus précis. Votre perception de la verticalité, par le ressenti de la gravité, n'en sera que plus juste.

Se centrer.
Trouvez l'aplomb, la position dans laquelle vous maintenez votre verticalité avec un effort minimal.

Pour se relier à la Terre, il suffit de percevoir en vous la force de gravité, l'énergie yin, comme vous l'avez fait en « soufflant un coup ».

Commencez par poser les pieds bien à plat et les ancrer solidement au sol. Si vous portez des talons aiguilles, déchaussez-vous. Exercez une pression sur le sol avec les talons, soulevez les orteils, puis laisser vos plantes de pied se dérouler sur le sol. Pieds solidement ancrés, bassin relâché et épaules tombantes : ces différents éléments permettent au corps d'être en relation avec l'énergie de la Terre, l'énergie yin.

Une fois relié à la Terre, il vous suffit pour vous enraciner de mettre l'accent sur l'expiration en laissant votre corps s'alourdir. Dire mentalement « lourdeur » à chaque expiration peut vous aider au début à mieux ressentir l'enracinement. Si dans certaines situations vous avez l'impression que « vous ne faites pas le poids » ou que vous manquez d'aplomb, cet exercice permettra à votre corps de retrouver cette sensation d'ancrage et vous donnera confiance.

Pour mieux sentir

Enraciner dans la Terre

Pour sentir si vous êtes bien enraciné, effectuez ce test à deux. Demandez à un partenaire de poser ses mains sur vos clavicules et d'exercer une pression horizontale progressivement de plus en plus forte pour vous déséquilibrer. Voyez votre capacité à résister. Ensuite enracinez-vous, grâce à la technique décrite ci-dessus, et demandez-lui de recommencer. Si vous êtes bien enraciné, il devra mobiliser une énergie bien supérieure pour vous déraciner.

S'élever vers le Ciel

Pour se relier au Ciel, la démarche est plus subtile : il s'agit de percevoir le retour de la force de gravité, l'énergie yang, comme vous l'avez fait précédemment en étant « sur le qui-vive ».

Commencez par positionner le dos bien droit, le sommet du crâne comme suspendu au plafond et le menton légèrement rentré pour étirer les cervicales. Exercez une pression sur le sol avec la boule du pied et les orteils, en posant le poids du corps sur l'avant du pied, comme si vous vouliez vous lever. Sentez la pression exercée par les pieds remonter du sol jusqu'au bassin puis du bassin jusqu'au sommet du crâne. Enfin, laissez vos plantes de pied se poser sur le sol, tout en maintenant un tonus musculaire dans les jambes, comme prêt à bondir. Les muscles posturaux sont à la fois toniques et relâchés.

Jambes toniques, dos droit, colonne étirée et sommet du crâne comme suspendu par un fil vers le Ciel : ces différents éléments permettent au corps d'être en relation avec l'énergie du Ciel, avec l'énergie yang.

Une fois relié au Ciel, il vous suffit pour vous ériger de mettre l'accent sur l'inspiration en laissant votre corps se redresser. Dire mentalement « légèreté » à chaque inspiration, peut vous aider au début à mieux ressentir l'élévation.

Si vous manquez d'élan ou de volonté, cet exercice offrira à votre corps un entrain léger, un dynamisme facile, basé non pas sur la volonté, mais sur le lâcher-prise.

Pour mieux sentir

Élever vers le Ciel

Pour sentir l'étirement vers le Ciel, posez les pieds bien à plat, exercez une pression des pieds sur le sol et sentez-la remonter au bassin. Ensuite sentez cette pression des pieds sur le sol remonter le long de la colonne dorsale jusqu'au sommet du crâne. Pour finir, posez une main sur le sommet de votre tête (idéalement la main d'un partenaire) et établissez un lien direct entre la pression des pieds dans le sol et la pression de la tête repoussant la main.
Repoussez la Terre avec les pieds et le Ciel avec la tête.

Précisons d'abord que l'étirement vers le Ciel ne peut se faire qu'une fois l'enracinement dans la Terre ressenti. L'arbre a besoin de racine profonde pour que ses branches s'élèvent.
Ensuite, si l'enracinement peut être accompagné, le véritable étirement vers le Ciel se fait en revanche de lui-même. L'énergie yin qui descend, lourde et grossière, est facile à sentir. A contrario, l'énergie yang qui monte, légère et subtile, est plus fine à percevoir. Vous pouvez au début l'assister volontairement en exerçant une pression au sol, mais le véritable allongement se fait de lui-même.

Lorsque le lourd est descendu, le léger monte naturellement, comme la fumée vers le Ciel. Quand vos points d'appuis en général et votre bassin en particulier sont bien stables et que le haut du corps est libéré, une force subtile s'élève du bassin vers le cœur puis jusqu'au sommet du crâne. L'étirement est alors non pas maintenu ni construit, mais naturel, sans effort.

> **Résumé**
>
> ### S'asseoir entre Ciel et Terre
>
> **Se centrer :** oscillation avant et arrière.
> **S'enraciner :** accent sur l'expiration, poids du corps sur les talons.
> **S'élever :** accent sur l'inspiration, poids du corps sur les orteils.

Faire du Taï Chi Assis son quotidien

S'asseoir entre Ciel et Terre est une méthode aussi simple qu'efficace. Pour aller plus loin dans la pratique du Taï Chi Assis, voici trois approches différentes : l'enchaînement, les micro-pratiques et le programme « mes trois minutes de Taï Chi Assis ». Choisissez celle vous convenant le mieux en fonction de votre personnalité, de votre emploi du temps et de vos motivations.

L'enchaînement : la pause bien-être

La pratique de l'enchaînement nécessite de dégager un créneau horaire : cinq minutes par jour consacrées à sa réalisation. Il est conseillé de pratiquer dans un endroit calme et à l'abri des regards.

Vous pouvez débuter par les exercices de ressenti et de centrage avant d'effectuer l'enchaînement. Vous pouvez effectuer l'enchaînement dans sa totalité en réalisant chaque mouvement trois, six ou neuf fois. Vous pouvez également n'effectuer qu'un seul des six mouvement de l'enchaînement en fonction de vos besoins ponctuels.

Au-delà de la détente à court terme, cette pratique vous apportera une meilleure utilisation de votre corps et de votre esprit au quotidien. Les mouvements effectués lors de l'enchaînement vous offrent la possibilité de vous explorer, d'écouter votre corps, de façon à prendre de bonnes habitudes. Ainsi votre corps et votre esprit prendront le relais et adopteront automatiquement la bonne attitude dans vos activités quotidiennes.

L'enchaînement est une forme simplifiée, inspirée de différents enchaînements de Dao yin (l'ancêtre du Taï Chi) et de WuTao (discipline créée par Pol Charoy et Imanou Risselard), adaptée à la position assise. L'enchaînement est composé de six mouvements.

Le premier mouvement stimule l'énergie dans sa globalité. Les autres stimulent chacun l'un des Cinq Éléments.

Commencez chaque mouvement par une grande amplitude puis réduisez-la progressivement pour aller vers d'avantage de finesse et de subtilité.

Position de base : avancez-vous au bord de la chaise, le dos droit et les bras relâchés. Puis, posez vos pieds à plat, écartés de la largeur des épaules. Genoux déverrouillés et bassin relâché, dos droit et sommet du crâne suspendu.

Chaque mouvement débute sur l'inspiration par une bascule du bassin vers l'arrière et une pression des orteils sur le sol permettant au corps de s'ériger vers le Ciel. Chaque mouvement se termine sur l'expiration par une bascule du bassin vers l'avant et un pression des talons sur le sol, permettant au corps de s'enraciner dans la Terre.

La chenille devient papillon

Mouvement d'ouverture qui stimule l'énergie globale et active sa circulation dans l'ensemble du corps.

Action : Stimule l'énergie globale.
Indications : Difficultés à ressentir le corps dans sa globalité.

Posture de départ : Les mains sont posées sur le nombril, main gauche sous la main droite.
Inspiration : Les mains s'écartent doucement du nombril, comme posées sur un ballon qui se gonfle. Le mouvement part du bassin, se transmet aux épaules, aux coudes jusqu'aux mains.
Expiration : Les mains reviennent lentement au nombril, comme posées sur un ballon qui se dégonfle.
Posture de fin : Les mains sont placées sur le nombril, main gauche sous la main droite.

Note : Écarter d'abord les épaules, puis les coudes et enfin les poignets sur l'inspiration. À l'expiration, le mouvement est inversé.

Tai Chi Assis

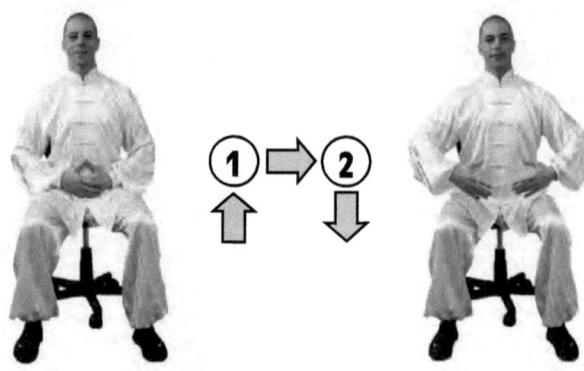

1. Dans la position de base, la main gauche sous la main droite au niveau du nombril, observez les tensions.

2. En inspirant les couples épaules-hanches, coudes-genoux et poignets-chevilles se remplissent successivement.

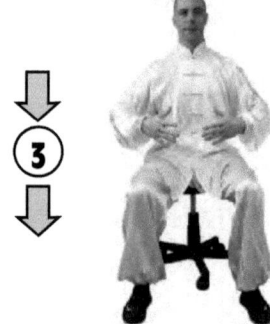

6. Le corps s'apprête à revenir dans la position de base, la main gauche sous la main droite au niveau du nombril.

3. L'espace entre les articulations entraîne un écartement des mains.

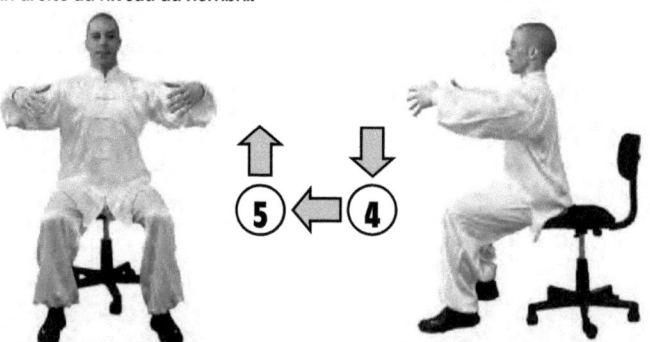

5. Le corps commence à se dégonfler. En expirant, les couples épaules-hanches, coudes-genoux et poignets-chevilles se vident en ordre décroissant.

4. Tout le corps est gonflé.

Caresser la Lune

Mouvement stimulant l'énergie de la Terre, il permet de s'enraciner, de poser les pensées.

Action : Apaise le mental. Stimule le méridien de l'Estomac (Terre).
Indications : Pensée obsessionnelle, rumination.

Posture de départ : Paumes dirigées vers le Ciel, les mains à la hauteur du nombril, sont en forme de coupe.
Inspiration : Les mains s'élèvent doucement en décrivant un mouvement circulaire, comme pour caresser une Lune posée devant le buste. À la fin de l'inspiration, les mains sont à hauteur des épaules, paumes dirigées vers le sol, reposant sur le sommet de la Lune.
Expiration : Les mains descendent doucement en caressant la partie postérieure de la Lune ramenant les coudes vers le bas et les paumes vers l'avant. À la fin de l'expiration, les mains sont à hauteur du nombril, paumes dirigées vers le Ciel, soutenant la Lune.
Posture de fin : Les mains au niveau du nombril, en forme de coupe.

Note : Les couples épaules-hanches, coudes-genoux, poignets-chevilles se remplissent ensemble à l'inspiration puis se vident ensemble à l'expiration.

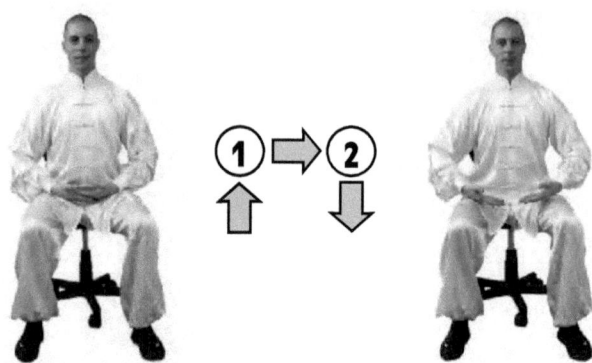

1. Dans la position de base, mains en forme de coupe, observez les tensions.

2. En inspirant, les mains glissent sous une Lune imaginaire positionnée devant votre buste.

6. Les coudes reculent et les avant-bras partent naturellement en rotation externe. Les mains épousent la forme de la Lune et retrouvent la position initiale.

3. Les mains continuent de caresser la Lune. Veillez à relâcher les tensions au niveau des épaules, des trapèzes et des bras.

5. En expirant les mains glissent sur la partie postérieure de la Lune.

4. À la fin de l'inspiration, les mains sont posées sans tension au sommet de la Lune.

Le grand aigle déploie ses ailes

Mouvement stimulant l'énergie du Feu, il permet de dynamiser l'organisme.

Action : Dynamisante. Stimule le méridien du Cœur (Feu).
Indications : Fatigue, manque d'énergie.

Posture de départ : Les mains au niveau du nombril, en forme de coupe.
Inspiration : Les mains s'élèvent en forme de coupe jusqu'au cœur. Rotation interne des avant-bras, les mains pivotent sur elles-mêmes, les paumes finissent en direction du Ciel. Les mains continuent de monter, amenant les bras tendus au dessus de la tête, poignets cassés et paumes dirigées vers le haut.
Expiration : Les coudes fléchissent et se rapprochent du corps. Les mains descendent en décrivant un demi-cercle de chaque côté pour se replacer au niveau du nombril.
Posture de fin : Les mains au niveau du nombril, en forme de coupe.

Note : Relâcher les épaules à l'inspiration, rapprocher les coudes à l'expiration.

Tai Chi Assis

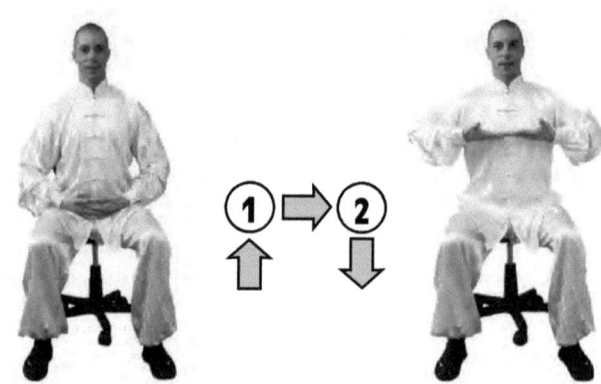

1. Position de base, les mains en forme de coupe placées sous le nombril.

2. En inspirant, les mains remontent au niveau du cœur.

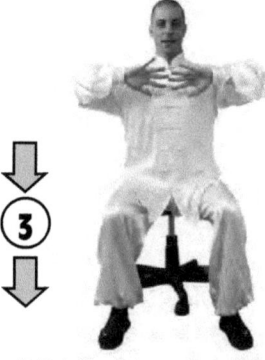

6. Les coudes se rapprochent du corps, pour laisser les mains se replacer en forme de coupe, sous le nombril.

3. Rotation interne des avant-bras, les paumes se dirigent vers le Ciel.

5. À l'expiration, les bras descendent de chaque côté.

4. Les mains continuent de s'élever ; à la fin de l'inspiration, les bras sont tendus et les poignets cassés.

Repousser les montagnes

Mouvement stimulant l'énergie du Bois, il transforme la colère et fait « fleurir » le courage.

Action : Apporte du courage, transforme la colère en courage. Stimule le méridien du Foie (Bois).
Indication : Colère.

Posture de départ : Les mains au niveau du nombril, en forme de coupe.
Inspiration : Amener dans un mouvement circulaire les bras en croix, paumes dirigées vers la Terre. Le pied gauche s'enfonce dans la Terre, ouvrant la main droite vers le Ciel, grâce à la rotation du bassin vers la droite.
Expiration : Le buste se replace de face et les deux mains se dirigent vers l'horizon. Recommencer sur l'inspiration le mouvement inverse.
Posture de fin : Les bras en croix, les paumes dirigées vers la Terre.

Note : Faire monter le yang (pression sur les orteils) et descendre le yin (poids du corps sur les talons) à partir des pieds de manière asymétrique.

1. Position de base, les mains en forme de coupe placées sous le nombril.

2. À l'inspiration, les bras s'écartent sur les côtés en décrivant un mouvement circulaire.

6. À l'inspiration suivante, la main gauche s'ouvre vers le Ciel et la paume droite se dirige vers la Terre.

3. Les bras sont placés en croix, dans l'alignement des épaules, les paumes vers l'horizon.

5. À l'expiration, le buste se replace de face, les paumes dirigées vers l'horizon.

4. À la fin de l'inspiration, la main droite s'ouvre vers le Ciel et la paume gauche se dirige vers la Terre.

Le dragon protège la caverne

Mouvement stimulant l'énergie du Métal, il rend rigoureux et améliore la volonté.

Action : Développe la volonté et apporte la rigueur.
Indications : Manque de volonté, faiblesse des défenses immunitaires.

Posture de départ : Les bras en croix, les paumes dirigées vers la Terre.
Inspiration : La main droite monte vers le Ciel et la main gauche descend vers la Terre dans un mouvement circulaire des bras. Rotation des poignets pour diriger les doigts vers l'intérieur, paume droite vers le Ciel, paume gauche vers la Terre.
Expiration : Poussée de la paume gauche (celle qui est basse) vers la Terre et de la paume droite (celle qui est haute) vers le Ciel. Recommencer sur l'inspiration le mouvement inverse.
Posture de fin : Les bras en croix, les paumes dirigées vers le Ciel.

Note: Étirer les pouces à la fin de l'inspiration pour étirer le méridien correspondant.

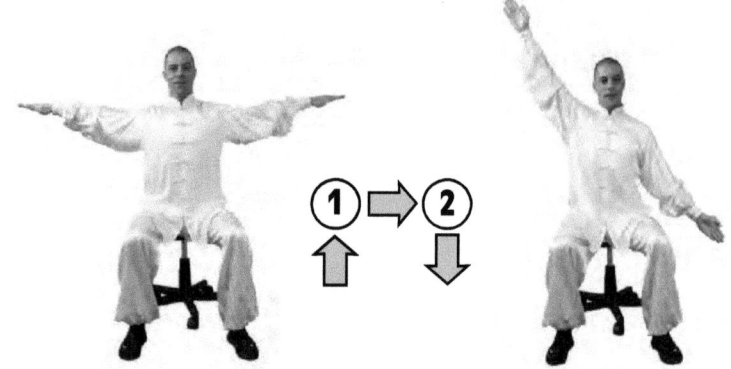

1. Dans la position de base, les bras en croix, paumes dirigées vers la Terre.

2. La main droite monte vers le Ciel et la main gauche descend vers la Terre dans un mouvement circulaire des bras.

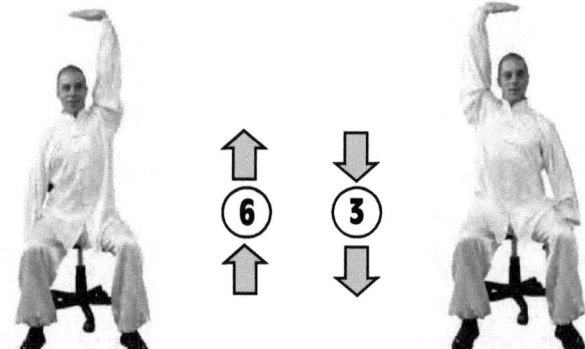

6. Replacer les bras en croix, paume dirigée vers le Ciel.

3. À la fin de l'inspiration, les avant-bras effectuent une rotation interne pour diriger les doigts vers l'intérieur, paume droite vers le Ciel, paume gauche vers la Terre.

5. À l'inspiration, la main gauche monte vers le Ciel et la main droite descend vers la Terre dans un mouvement circulaire des bras.

4. À l'expiration, poussez avec le talon de la main gauche vers le bas et droite vers le Ciel.

Le vieux sage lisse sa barbe

Mouvement stimulant l'énergie de l'Eau, il apporte la détente en évacuant le trop plein d'énergie.

Action : Apaise. Stimule le méridien du Rein (Eau).
Indications : Stress, hyperactivité, insomnie.

Posture de départ : Les bras en croix, les paumes dirigées vers la Ciel.
Inspiration : Fléchir les coudes pour que les mains se rapprochent des oreilles.
Expiration : Les pouces passent sous les oreilles, les autres doigts par dessus. Les bras se tendent dans un mouvement oblique vers le sol, comme pour lisser une longue barbe. Paumes et doigts se font face.
Posture de fin : Les mains sont posées sur le nombril, main gauche sous la main droite.

Note : Effectuer le mouvement avec l'intention de recentrer l'énergie.

Tai Chi Assis

1. Les bras en croix, les paumes sont dirigées vers le Ciel.

2. Fléchir les coudes à angle droit.

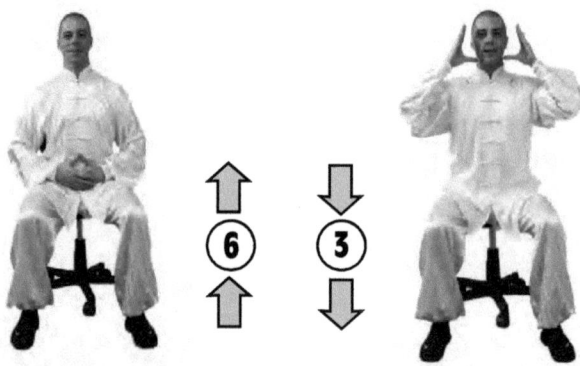

6. Terminez l'enchaînement dans la position de départ : la main gauche sous la main droite au niveau du nombril. Observez la sensation, l'attention et l'émotion.

3. Ramenez les mains vers les oreilles.

5. Continuez de lisser la barbe jusqu'à ramener les mains au niveau du nombril.

4. À l'expiration, allonger les bras dans un mouvement oblique.

Les micro-pratiques

Les micro-pratiques sont des outils simples et ludiques pour appliquer les principes du Taï Chi Assis dans la vie de tous les jours, à chaque fois que se présente l'occasion. En attendant que votre corps digère la pratique et qu'il adopte les bons réflexes sans que vous ayez à y penser et afin de les intégrer plus rapidement dans vos activités de tous les jours, voici des micro-pratiques à appliquer dans des situations courantes : au bureau, en voiture, en transport et à table.

☺ Au bureau

Le fait de rester assis à son poste de travail des heures durant provoque souvent des douleurs du dos (lombalgies et dorsalgies).
Profitez de la position assise pour retrouver votre verticalité et ainsi prévenir les maux de dos.

Commencez par observer la position de votre bassin. Êtes-vous assis en antéversion ou en rétroversion. Pour le savoir, il suffit de porter votre attention sur vos ischions. Votre bassin est-il en avant des ischions (préparation à l'action) ou en arrière (préparation à la détente) ?
Après avoir défini la position de votre bassin, vous pouvez « verticaliser » la colonne vertébrale en explorant la position inverse et complémentaire. Faites-le en un mouvement très doux, non pas en contractant certains muscles mais plutôt en relâchant les antagonistes.

Cet exercice qui peut se faire en toute discrétion prévient les douleurs de dos en corrigeant les mauvaises postures, mais aussi réduit considérablement la fatigue de fin de journée.

☺ En voiture

Que ce soit lors d'un long voyage ou un simple embouteillage, tout automobiliste a déjà ressenti des tensions dans le haut du corps®: nuque, trapèzes et épaules. Profitez des périodes à l'arrêt pour relâcher ces tensions et éviter qu'elles ne deviennent douloureuses.

Lorsque vous êtes à l'arrêt, les mains sur le volant et les bras tendus, tournez simplement vos coudes vers le bas, laissant les bras comme suspendu au volant.

Vous constaterez automatiquement que les omoplates glissent sur les côtés, les bras et les épaules se relâchent et le haut du dos se détend. Laissez ensuite vos tensions du haut du corps descendre dans le bassin. À chaque expiration, videz la poitrine dans les reins, pour « laisser le lourd tomber et le léger monter ».

Cet exercice, pratiqué exclusivement à l'arrêt, réduit les tensions parasites dans le haut du corps et donc la fatigue du voyage.

☺ En transport

Dans les transports en commun, l'absence de place assise peut être vécue comme un supplice.

Profitez de cette occasion pour explorer la détente et le transfert de l'énergie en vous.

Plutôt que de résister aux secousses, décélération et virages, utilisez-les comme autant d'occasion de tester votre lâcher-prise. Soyez souple comme le roseau et non pas rigide comme le chêne. Les mouvements du bus ou du train peuvent traverser votre corps, sans que vous perdiez votre équilibre. Il faut pour cela accepter de modifier sa structure. Être solide et enraciné comme une montagne dans le bas du corps, souple et léger comme une algue dans le haut du corps. Après avoir effectué cette pratique plusieurs fois, vous céderez volontiers votre place assise pour explorer le transfert d'énergie en vous !

☺ À table

En semaine, les repas sont souvent pris à la va-vite, parfois même en lisant. Conséquences : dans le meilleur des cas le « coup de barre » de l'après-midi, au pire des problèmes digestifs.

La période du repas peut aussi être un espace de récupération ; trois fois dans la journée, un rituel pour prendre son temps et se régénérer, même en quelques minutes.

À table, retrouvez la respiration globale et le geste relâché. En mâchant mieux les aliments et en respirant plus lentement, vous aidez le système digestif à mieux transformer l'énergie des nutriments. Vous prendrez plus de plaisir et serez plus vite rassasié. Par ailleurs, vous éviterez les problèmes digestifs et la baisse d'énergie dus à des repas trop rapides.

☺ Devant l'ordinateur

Passer des heures devant un écran d'ordinateur provoque généralement des tensions dans la nuque et une fatigue visuelle.

Offrez vous une minute pour apaiser les muscles oculaires et détendre la région cervicale.

Pour reposer les muscles oculaires, la technique est simple : fermez les yeux. En plus du repos apporté aux muscles de la vision, vous stimulez la sécrétion lacrymale, dont l'insuffisance est responsable de la sensation de picotement. Pour détendre la région cervicale, érigez le sommet de votre tête vers le plafond (cf. " S'élever vers le Ciel "). Exercez une pression des pieds sur le sol, en gardant les muscles des jambes détendus. Sentez le retour de cette pression au sol remonter jusqu'au bassin. Continuez en observant le retour de la force de gravité du bassin vers les cervicales. Enfin, en imaginant un bottin posé au sommet du crâne, faites le lien entre la pression des pieds poussant vers le sol et la pression des cervicales poussant vers le plafond.

Ces deux exercices rapides et discrets réduiront considérablement la fatigue oculaire et les tensions cervicales.

« Mes trois minutes de Taï Chi assis »

En consacrant trois minutes par jour pendant dix jours, vous pouvez non seulement vous initier aux principes du Taï Chi, mais surtout l'intégrer progressivement dans votre quotidien.

Le programme « Mes trois minutes de Taï Chi Assis » peut se pratiquer n'importe où, tout en effectuant une autre activité. L'avantage est évident : vous n'avez pas besoin de dégager un créneau spécifique dans un planning souvent surchargé. Ce programme reprenant les principaux points de la pratique suit une évolution sur neuf jours. À la fin de cette période, vous pouvez le reprendre afin d'explorer de manière toujours plus fine les exercices proposées. Avec le temps, vous choisirez pour vous-même les exercices les plus appropriés. Reposant sur le concept d'Attitude Juste, le programme comporte une minute consacrée au Geste Juste, une autre au Souffle Juste et une troisième à l'Intention Juste.

Trois minutes par jour pour faire du Taï Chi votre quotidien.

■ 1ᵉʳ jour

Geste Juste : Se centrer (cf. p. 55)

Balancez votre buste d'avant en arrière et réduisez l'amplitude du mouvement jusqu'à trouver le point d'équilibre par lequel vous offrez un maximum de résistance à la gravité avec un minimum d'effort : aucune tension ni dans l'abdomen, ni dans le bas du dos.

Recommencez en vous balançant de droite à gauche.

Souffle Juste : Respiration globale (cf. p. 39)

1ᵉʳ étage. Placez la main sur l'abdomen, pour sentir le nombril qui avance à l'inspiration et recule à l'expiration.

2ᵉ étage. Placez les mains sur les côtés pour les sentir s'écarter à l'inspiration puis se rapprocher sur l'expiration.

3ᵉ étage. Placez les mains sur les clavicules qui s'élèvent puis redescendent. Commencez par remplir ces trois étages l'un après l'autre, puis avec fluidité.

Intention Juste : Se rendre disponible à la sensation (cf. p. 44). Commencez par fermer les yeux et portez toute votre attention sur les points de contact de votre corps sur la chaise. Puis sentez le contact de vos pieds au sol. Continuez en portant la sensibilité sur votre langue, puis votre palais, votre bassin, votre cage thoracique, votre crâne, etc.

■ 2ᵉ jour

Geste Juste : Contracter pour relâcher (cf. p. 36)

Contractez le poing et le bras droit trente secondes (en vous assurant que les autres parties du corps sont détendus) et relâchez-les en expirant. Prenez un cycle respiratoire complet pour laisser la détente s'installer. Comparer les sensations dans le bras gauche par rapport au droit. Puis faites le même exercice avec le bras gauche, les jambes, le buste, le dos, la nuque, toute la partie droite du corps, la gauche, et terminez avec le corps en entier (à l'exception du visage).

Pensez à relâcher le reste du corps lorsque vous contractez une zone déterminée. Prenez au moins un cycle respiratoire complet pour observer la détente après la contraction.

Souffle Juste : Pour sentir l'énergie yin : "soufflez un coup" (cf. p. 48) Adoptez une posture confortable en vous étalant dans votre siège. Poussez quelques soupirs de soulagement. Respirez en mettant l'accent sur l'expiration. Dans cette posture, les yeux fermés, relâchez la nuque (vers l'avant) et soupirez bruyamment.

Intention Juste : S'enraciner (cf. p. 56)
Profitez des points de contact de votre corps sur le siège et le sol (le bassin et les pieds) pour vous ancrer solidement à la Terre. Exercez une pression sur le sol avec les talons, soulevez les orteils, puis laissez vos plantes de pied se dérouler sur le sol. Lorsque vous sentez la lourdeur dans tout votre corps, placez votre attention dans votre bas-ventre.

■ 3ᵉ jour

Geste Juste : Étirement et bâillement (cf. p. 33)
Adoptez la posture de l'étirement du matin puis du bâillement du soir. Inspirez en vous étirant et expirez en bâillant. Laissez votre corps chercher le mouvement le plus agréable.

Souffle Juste : Pour sentir l'énergie yang : « soyez sur le qui-vive ! » (cf. p. 49)
Redressez-vous, comme si vous étiez dans des starting-blocks, prêt à bondir, les jambes fléchies, le poids du corps sur les orteils. Imaginez que vous vous apprêtez à défendre votre vie. Vous êtes prêt pour l'action, vous attendez le signal. Là encore, exagérez la posture. Prenez quelques inspirations prononcées, comme pour vous donner du courage avant de passer à l'action. Dans cette posture, respirez quelques instants pour goûter votre état intérieur, pour sentir l'énergie yang, pour observer votre respiration.

Intention Juste : S'élever vers le Ciel (cf. p. 57)
Exercez une pression sur le sol avec la boule du pied et les orteils, en posant le poids du corps sur l'avant du pied, comme si vous vouliez vous lever. Sentez la pression exercée par les pieds remonter du sol jusqu'au bassin puis du bassin jusqu'au sommet du crâne. Puis laissez vos plantes de pied se poser sur le sol, tout en maintenant un tonus musculaire dans les jambes, comme prêt à bondir. Les muscles des jambes sont à la fois toniques et relâchés. Enfin, en imaginant un bottin posé au sommet du crâne, faites le lien entre la pression des pieds poussant vers le sol et la pression de la tête poussant vers le plafond.

■ 4ᵉ jour

Geste Juste : Bascule du bassin (cf. p. 33)
Effectuez une série d'étirement-bâillement en réduisant le mouvement des extrémités et en portant votre attention au centre. Basculez le bassin vers l'avant puis vers l'arrière. Adoptez la posture de repos (bassin vers l'avant) puis la posture d'action (bassin vers l'arrière) en ne mobilisant que le bassin.

Souffle Juste : La respiration synchronisée (cf. p. 42)
Respirez en dissociant l'inspiration et l'expiration. Laissez libre cours à votre imagination pour faire toutes sortes de mouvements en les synchronisant à la respiration. L'inspiration est accompagnée de gestes d'ouverture, de montée, d'extériorisation : bassin en arrière. À l'inverse, l'expiration est accompagnée de gestes de fermeture, de descente et d'intériorisation : bassin en avant.
Intention Juste : Développer son ressenti I (cf. p. 50)
Positionnez vos deux mains au niveau du nombril, les paumes face à face, écartées de quelques centimètres et relâchez les épaules. Puis portez votre attention sur la paume des mains et le bout des doigts. Vous pouvez fermer les yeux pour mieux sentir les manifestations de l'énergie : picotement, engourdissement, chaleur.

■ 5ᵉ jour

Geste Juste : Oscillation vertébrale (cf. p. 34)
Effectuez un mouvement de bascule du bassin puis laissez le progresser le long de la colonne. Quand le bassin part en arrière, la poitrine part en avant et vice versa. La colonne se courbe dans un sens puis dans l'autre. Tantôt la poitrine sort, tantôt elle rentre. La bascule du bassin se transforme en une oscillation de la colonne vertébrale. Faites attention à bien faire partir le mouvement du bassin. Si le mouvement de la poitrine, se bombant puis se creusant, est très visible, il n'est que la conséquence de la bascule du bassin.
Souffle Juste : Respiration circulaire (cf. p. 41)
Commencez par respirer normalement en accompagnant le mouvement de la main : elle monte à l'inspiration et descend à l'expiration. Ensuite, passez du mouvement rectiligne de la main à un mouvement circulaire. La main continue de monter à l'inspiration et de descendre à l'expiration ; non plus dans un mouvement vertical, mais dans un mouvement circulaire. La fluidité du mouvement de la main rythme la respiration, ainsi inspiration et expiration se succèdent.
Intention Juste : Développer son ressenti II (cf. p. 50)
Positionnez vos deux mains au niveau du nombril, paumes face-à-face. Rapprocher les progressivement (sans qu'elles se touchent) jusqu'à ressentir une opposition, une résistance, comme si vous rapprochiez deux aimants, comme si vos mains se touchaient avant de rentrer en contact. Sensibilisez-vous à ce ressenti, cherchez à l'apprivoiser, à le préciser, jusqu'à ressentir comme une sphère d'énergie entre les mains.

■ 6ᵉ jour

Geste Juste : Ondulation vertébrale (cf. p. 35)
Effectuez un mouvement d'oscillation vertébrale, en prolongeant la bascule du bassin le long de la colonne jusqu'aux cervicales. Pour passer de cette oscillation à l'ondulation vertébrale, passez d'un mouvement rectiligne : avant-arrière, à un mouvement circulaire. Le bassin, la poitrine et la tête ne font plus un mouvement horizontal (avant-arrière), mais ils décrivent désormais un cercle (avant-haut-arrière-bas). Votre colonne vertébrale se met à onduler, reproduisant le mouvement de reptation du serpent.

Souffle Juste : Respiration globale, 1er étage (cf. p. 39)
Pour remplir le premier étage (le niveau abdominal), placez une main sur le nombril. Le premier étage gonfle vers l'avant : le nombril avance à l'inspiration et recule à l'expiration. Observez et accompagnez de votre main ce mouvement de l'abdomen.

Intention Juste : Développer son ressenti III (cf. p. 51)
Les deux mains face à face au niveau du nombril, commencez par les rapprocher progressivement (sans qu'elles se touchent) jusqu'à ressentir une opposition, une résistance. Ensuite, lorsque vous sentez cette sphère entre vos mains, imaginez que vous tenez entre les mains un ballon de basket. Puis jouez avec cette boule, faites la tourner, pivoter, basculer. Imaginez cette sphère lourde et glissante : si vous ne la serrez pas assez elle tombe, si vous la serrez trop elle glisse.

■ 7ᵉ jour

Geste Juste : Geste centré (cf. p. 37)
Effectuez l'ondulation vertébrale de manière centrée. En réalisant le geste, observez les couples d'articulations se former : hanches-épaules, genoux-coudes, chevilles-poignets. Sentez qu'elles se remplissent et se vident ensemble.

Souffle Juste : Respiration globale, 2e étage (cf. p. 39)
Le deuxième étage (thoracique) gonfle sur les côtés. En plaçant les mains sur les côtes flottantes vous constaterez qu'elles s'écartent à l'inspiration et se resserrent à l'expiration.
Utilisez les mains pour assister et approfondir ce mouvement naturel.

Intention Juste : Développer son ressenti IV (cf. p. 51)
Reprenez les différentes étapes proposées dans « développer son ressenti » : sentir l'énergie entre les mains, sentir la sphère, jouer avec la sphère. Mais cette fois-ci, placez les mains non plus au niveau du nombril, mais du cœur.

■ 8ᵉ jour

Geste Juste : Geste global (cf. p. 38)
Effectuez l'ondulation vertébrale de manière globale. En réalisant le mouvement mobilisez les extrémités : mains, pieds, tête et sacrum. Assurez-vous que les orteils et les doigts sont étirés sans être contractés.

Souffle Juste : Respiration globale, 3ᵉ étage (cf. p. 39)
Le troisième étage (claviculaire) gonfle vers le haut : les clavicules s'élèvent puis redescendent. Placez les mains sur les clavicules pour les sentir bouger et pour accompagner le mouvement.

Intention Juste : Développer son ressenti IV (cf. p. 52)
Placez les mains face à face à hauteur du front. Reprenez les trois étapes proposées dans « développer son ressenti ».

■ 9ᵉ jour

Geste Juste : Ondulation interne
Effectuez l'ondulation vertébrale de manière subtile, interne. Réduisez l'amplitude du mouvement pour augmenter sa densité. Comme si vous vouliez le faire rentrer dans les os. Faites en sorte que le mouvement devienne invisible de l'extérieur. Vous pourrez bientôt le faire devant vos proches sans qu'ils s'en rendent compte.

Souffle Juste : Respiration globale (cf. p. 39)
Commencez par remplir les trois étages respiratoires l'un après l'autre, puis avec fluidité pour que les trois étages se gonflent et se vident en même temps. Cherchez ensuite à effectuer cette respiration de manière interne : globale mais imperceptible de l'extérieur.

Intention Juste : Attention juste (cf. p. 44)
Faites comme un chat attendant devant un trou de souris. Quelle pensée va pointer le bout de son nez ? Observez sans attente et sans jugement. Dès qu'une pensée est apparue, revenez devant le trou de souris. Soyez attentifs à votre ressenti, à votre corps.

Comment intégrer le Tai Chi Assis au quotidien

Les expériences présentées dans cet ouvrage vous ont plu. Vous désirez maintenant les utiliser régulièrement afin de changer vos mauvaises habitudes par de bons réflexes et ainsi ressentir une amélioration notable dans votre vie quotidienne.

Pour que ce projet n'avorte pas, comme les bonnes résolutions du 31 décembre, débouchant sur une déception et une dévalorisation de soi (« je suis un bon à rien », « je n'ai aucune volonté »,« je ne suis même pas capable de faire ce que je m'étais fixé », etc.), donnez vous un maximum de chance de réussir en vous préparant aux difficultés que vous risquez de rencontrer.

1 - Le temps

La première difficulté, lorsque l'on veut changer d'habitude, c'est de trouver le temps.

Votre planning est déjà surchargé, vous n'avez pas le temps de faire tout ce que vous voudriez, il est impossible de rajouter un créneau à un emploi du temps surbooké.

Vous n'avez pas besoin de dégager un moment spécifique pour pratiquer le Taï Chi Assis (grâce à « Mes trois minutes de Taï Chi Assis » et aux « micro-pratiques »). Vous pouvez le faire lors de votre trajet du matin par exemple, en lisant vos mails ou lors de toutes autres activités quotidiennes. Le tout est de créer un rituel.

2 - Le rituel

La deuxième difficulté est de transformer cette nouvelle activité en une habitude durable.

L'un des meilleurs moyens pour adopter une nouvelle habitude est de la ritualiser. La plupart de nos comportements quotidiens (manger, travailler, faire la cuisine, le ménage, etc.) sont ritualisés, c'est ce qui leur donne leur force. Le moyen le plus efficace pour transformer une simple activité en un rituel, c'est de la pratiquer à heure fixe. Aussi quel que soit le moment de la journée au cours duquel vous pratiquez, soyez régulier. Grâce à cette régularité apparaîtront les premiers bénéfices mais aussi la lassitude.

3 - Le plaisir

La troisième difficulté est l'apparition des résistances : lassitude, paresse, oubli, désintérêt...

Lorsque l'ennui apparaît, vous êtes sur le bon chemin, vous avez fait le plus dur : l'habitude est en train de s'installer. Pour ne pas s'enliser dans l'ennui lors de la pratique, faites-vous plaisir. Axez votre pratique sur le plaisir, le bien-être qu'elle vous procure. Lorsqu'une activité est agréable, on rechigne rarement à en profiter.

Enfin pour vous assurer un maximum de réussite, avant de vous lancer dans cette entreprise, prenez le temps de faire le point sur les freins et les moteurs présents en vous. Quelles sont les résistances que vous risquez de rencontrer. Quelles sont les motivations sur lesquelles vous pourrez vous appuyez.

Vous avez à présent entre vos mains une méthode qui vous permet d'utiliser votre corps et votre esprit pour un quotidien plus harmonieux. Les graines sont semées, il ne tient qu'à vous de les arroser.

Conclusion

Un trésor enfoui

Une veille légende hindoue raconte qu'en des temps fort reculés, tous les hommes étaient des dieux.

Malheureusement certains d'entre eux abusèrent tellement de leur divinité que Brahma, le dieu des dieux, décida de tous les priver du pouvoir divin. Puis il décida de cacher ce trésor inestimable en un endroit où seul les plus valeureux iraient le chercher. Ainsi ceux qui le trouveraient, ayant prouvé leurs qualités, n'abuseraient pas du pouvoir offert. Il lui fallait donc trouver l'endroit idéal pour le cacher.

Lorsque les dieux mineurs furent convoqués à un conseil pour résoudre ce problème, ils proposèrent ceci :
« – Enterrons la divinité de l'homme dans la terre. »
Mais Brahma répondit :
« – Non, cela ne suffit pas, car n'importe quel homme pourra creuser et la trouver. »
Alors les dieux répliquèrent :
« – Jetons la divinité dans le plus profond des océans. »
Mais Brahma répondit à nouveau :
« – Non, cela ne suffit pas, car n'importe quel homme pourra nager et la trouver. »
Alors Brahma dit :
« – Voici ce que nous nous ferons de la divinité de l'homme : nous la cacherons dans un endroit où seuls les plus sensibles, les plus justes, les plus valeureux d'entre eux pourront la trouver. Nous cacherons la divinité de l'homme au plus profond de chaque homme, dans son centre, dans son bas ventre. »

Le Tai Chi Assis est une gymnastique de bien-être, une pratique de correction interne, un enchaînement équilibrant, un moyen de s'installer dans l'instant, mais avant tout : une invitation à rentrer en soi, à venir à la rencontre de soi-même. Dans notre centre, dans notre bas-ventre se trouve un trésor inestimable.

Alors bonne recherche...

Annexe

Stimuler le système immunitaire

Le Dr Irwin a mené, en 2007, un essai clinique auprès de 112 personnes qui avaient toutes eu la varicelle durant l'enfance. Les participants ont suivi, durant quatre mois, soit trois séances hebdomadaires de 40 minutes de Tai Chi, soit un programme d'information générale sur la santé. Les résultats indiquent que l'immunité à médiation cellulaire des personnes qui faisaient du Tai Chi était deux fois plus élevée que celle des sujets du groupe témoin.

Irwin M.R., Olmstead R., Oxman M.N., « Augmenting immune responses to varicella zoster virus in older adults: a randomized, controlled trial of tai chi », J. Am. Geriatr. Soc., Apr. 2007

Réduire le stress et améliorer le sommeil

En 2004, une étude clinique randomisée a comparé l'effet du Tai Chi à des techniques de relaxation (étirements et contrôle de la respiration) sur la détente et la qualité du sommeil. 116 personnes de plus de 60 ans, souffrant de troubles du sommeil d'intensité modérée, ont participé à cette étude. Les participants du groupe de Tai Chi ont rapporté une baisse du temps nécessaire pour s'endormir (de 18 minutes en moyenne), une augmentation de leur durée de sommeil (48 minutes en moyenne), ainsi qu'une réduction des périodes de somnolence diurne.

Li F., Fisher K.J., et al. « Tai chi and self-rated quality of sleep and daytime sleepiness in older adults: a randomized controlled trial », J. Am. Geriatr. Soc., 2004

Apaiser l'esprit

Une revue systématique de cinq essais cliniques de qualité variable a démontré que les gens pratiquant le Tai Chi présentaient des améliorations significatives selon plusieurs indices de bien-être psychologique (dépression, détresse psychologique, satisfaction de la vie, perception de la santé) comparativement à un groupe témoin.

Wang C., Collet J.P., Lau J., « The effect of Tai Chi on health outcomes in patients with chronic conditions: a systematic review », Arch. Intern. Med., 2004

Améliorer la respiration

Publiée en 2004, une méta-analyse a regroupé sept études cliniques (344 participants) traitant de l'effet du Taï Chi sur la capacité aérobie. Les résultats indiquent que les individus exerçant régulièrement le Taï Chi développent une meilleure capacité aérobie (pic VO2) que des adultes sédentaires.

Taylor-Piliae R.E., Froelicher E.S., « Effectiveness of Tai Chi exercise in improving aerobic capacity: a meta-analysis », J. Cardiovasc. Nurs., 2004

Améliorer les troubles cardiaques

Un essai clinique préliminaire, réalisé auprès de trente sujets souffrant d'insuffisance cardiaque chronique, a comparé sur 12 semaines l'efficacité d'une technique de réhabilitation classique à un programme de Taï Chi en complément des soins habituels. Les résultats indiquent une amélioration significative de la qualité de vie et de la capacité aérobie.

Yeh G.Y., Wood M.J., et al., Am. J. Med., 2004

Réduire l'arthrite rhumatoïde

Selon les auteurs d'une revue systématique publiée en 2004, basée sur quatre études contrôlées randomisées incluant 206 participants, la pratique du Taï Chi peut apporter une amélioration de l'amplitude de mouvement des membres inférieurs, particulièrement aux chevilles. Ils soulignent également que le Taï Chi n'aggrave pas les symptômes de l'arthrite rhumatoïde, ce qui peut survenir durant la pratique d'exercices plus intenses.

Han A., Robinson V., et al., « Tai chi for treating rheumatoid arthritis », Cochrane Database Syst. Rev., 2004

Réduire l'ostéoporose

Une étude clinique randomisée, réalisée à Hong Kong, indique que le Taï Chi réduirait la perte de densité osseuse chez les femmes ménopausées depuis au moins 10 ans. Cependant, l'étude ne permet pas d'extrapoler les résultats à la population occidentale.

Chan K., Qin L., et al., « A randomized, prospective study of the effects of Tai Chi Chun exercise on bone mineral density in postmenopausal women », Arch. Phys. Med. Rehabil., 2004

Soulager l'arthrose

En 2003, un petit essai clinique randomisé a été mené auprès de 43 femmes de plus de 55 ans souffrant d'arthrose. Au bout de 12 semaines, on a constaté des changements positifs significatifs quant à la perception de la douleur, de la raideur articulaire, de l'équilibre et de la force des muscles abdominaux chez les sujets pratiquant le Tai Chi.

Song R., Lee E.O., et al. « Effects of tai chi exercise on pain, balance, muscle strength, and perceived difficulties in physical functioning in older women with osteoarthritis: a randomized clinical trial », J. Rheumatol., 2003

Réduire les symptômes de la fibromyalgie

Les résultats d'un projet pilote, réalisé en 2003 auprès de 39 personnes, suggèrent que le Tai Chi pourrait permettre une meilleure gestion des symptômes de la fibromyalgie et augmenter la qualité de vie des patients.

Taggart H.M., Arslanian C.L., et al., « Effects of T'ai Chi exercise on fibromyalgia symptoms and health-related quality of life », Orthop. Nurs., 2003

Améliorer l'équilibre

Une étude clinique randomisée, publiée aux États-Unis en 2005, a comparé l'efficacité d'un programme de Tai Chi à un programme d'étirement et de relaxation chez 256 individus. Les patients du groupe de Tai Chi avaient un meilleur équilibre et ont augmenté leur vitesse de marche.

Li F., Harmer P., et al., « Tai Chi and fall reductions in older adults: a randomized controlled trial », J. Gerontol. A Biol. Sci. Med. Sci. 2005

Renforcer les effets du vaccin antigrippal

Une équipe de chercheurs de l'Université de l'Illinois, aux États-Unis, a mené une étude pilote auprès de 50 personnes âgées qui venaient de recevoir un vaccin antigrippal. 27 d'entre elles ont participé à des cours hebdomadaires de Tai Chi durant cinq mois. L'analyse des échantillons sanguins a révélé que ceux qui pratiquaient le Tai Chi avaient produit davantage d'anticorps spécifiques à la grippe que les sujets du groupe témoin.

D'après Reuters Health : Yang Y, Verkuilen J, et al., « Effects of a taiji and qigong intervention on the antibody response to influenza vaccine in older adults », Am. J. Chin. Med., 2007

Bibliographie

Arxe-Schaffler, Schmidt S., **Anatomie, Physiologie, Biologie,** Éd. Maloine, 1993
Auteroche B., **Le diagnostic en médecine chinoise,** Éd. Maloine, 1983
Becerril V., **Tai Ji Quan d'est en ouest,** Guy Trédaniel, 1993
Bohr N., **Physique atomique et connaissance humaine,** Gallimard, 1991
Changeux J.-P., **L'Homme neuronal,** Fayard, 1983
Desjardins A., **Approches de la méditation,** Pocket, 2008
Dropsy J., **Le corps bien accordé,** Éd. Desclée de Brouwer, 1992
Durand de Bousingen R., **La Relaxation,** Éd. PUF, 1992
Duyvendak, Tao Tö King, **Le Livre de la voie et de la vertu,** Librairie d'Amérique et d'Orient Adrien Maisonneuve, 1954
D'Espagnat B., **Le Réel voilé, analyse des concepts quantiques,** Fayard, 1994 Fazzioli E., **Caractère chinois,** Flammarion, 1987
Feldankrais M., **La puissance du moi,** Robert Laffont, 1990
Gershon D., **The second brain,** Harper Collins, 1998
Granet M., **La Pensée chinoise,** Éd. du Rocher, 1983
Jacobson E., **« The electrophysiology of mental activities »,** American Journal of Psychology, n° 44, 1993
Lowen A., **Lecture et langage du corps,** Éd. St-Yves Inc, 1958
Luminet J.-P., **Les Trous noirs,** Points Seuil, 1992
Masunaga S., **Zen stretching,** Mediterranee, 1997
Ortoli S., **Le Cantique des quantiques,** La Découverte, 1984
Quinqnian H., **« The effect of Qi gong by computer analysis »,** Journal of Traditional Chinese Medicine, 1988
Rosalie David A., **The Egyptian kingdoms,** Hardcover, 1975
Schlebusch K.P., Maric-Oehler W., Popp F.A., **« Biophotonics in the infrared spectral range reveal acupuncture meridian structure of the body »,** The Journal of Alternative and Complementary Medicine, 2005
Seem M., **A New American Acupuncture : Acupuncture osteopathy,** Éd. Satas, 1998
Seguy B., **Physio, Physiologie,** Éd. Maloine, 1993
Trinh Xuan T., **La mélodie secrète,** Fayard, 1988
Upledger J.E., **La thérapie crânio-sacrée,** Éd. Satas, 1995
Verbeke G., **L'évolution de la doctrine du pneuma,** Desclée de Brouwer, 1945.

Du même auteur :

Mon Taï Ji,
aux éditions Chariot d'Or Eds, 2011

Tai Chi Assis,
aux édtions BoD, 2023

Méditation Enjouée,
aux édtions BoD, 2023